JN056553

＼事例から学ぶ／

支援を深める相談技術

現場実践から導き出された17のメソッド

吉田悦規

中央法規

はじめに

本書をみなさんのお手元にお届けできたことをうれしく思います。今でこそ、SST（Social Skills Training）の認定講師を務める立場にありますが、もともと、著者のキャリアの出発点は精神科病院での看護師でした。働きはじめたころは「患者を看護し、症状が安定して退院すれば、私たちの仕事は一区切りできる」と思っていた時代もありました。

しかし、統合失調症を抱えるある患者さんとの出会いをきっかけに、「相談を通じて、目の前にいる人に最善の支援やケアを提供し、そのあとの生活をも考えて支援し続けたい」と思うようになりました。その思いはそれ以降30年以上にわたり、現在も変わらずもち続ける、著者の信念になりました。

振り返ると、精神衛生法の時代に看護師として精神科病院に勤務し、陰性症状の患者さんの側に座って同じ時間を共有しました。そこで、声かけのタイミングを覚えていったのが、著者の原風景です。

精神科医である中井久夫先生の「医師が治せる患者は少ない。しかし、看護できない患者はいない」という言葉に感銘を受けた1看護師でもあります。

精神科病院で勤務した後、転職先の救護施設でのかかわりを通じて、社会復帰やリハビリテーション、就職へのステップがあることを知り、「自分のスキルアップ」「利用者の可能性を広げる」ため、精神保健福祉士の資格を得てSSTと出会いました。その後、地域障害者職業センターにおけるリワーク（職場復帰支援）、職業準備支援、司法領域での再犯予防のための就労支援などに携わってきました。

退院促進や就労支援などさまざまな場面を経験してきましたが、自分がかかわり、「目の前にいる人に最善の支援、ケアを提供していきたい、そのあとの生活をも考えて支援し続けたい」という当初の思いは変わることはありません。

社会福祉基礎構造改策以降、利用者本位の考え方のもと、福祉サービスは内容、量ともに、確実に進展、充実してきています。一方、他の業界と同様、医療・福祉業界においても「人材不足」には強い危機感を抱かざるを得ない状況です。また、利用者の抱える課題は複雑、多様になり、画一的なサービスの提供は難しくなっています。そのため、ベテラン職員であっても支援の困難さを感じやすいのではないでしょうか。その「難しさ」をよりいっそう感じているのは、実務経験の浅い職員なのではないかと感じています。

対人援助に携わるには、リハビリテーションに関する知識や技能、社会資源に関する情報など、専門的な知識が求められます。そして、何より人とかかわる覚悟が必要ではないでしょうか。利用者本人にとって最善で、最良の支援ができるように、私たち支援者は常にさまざまな手段を念頭におき、支援を提供する。社会資源がないのならつくり出す、または自分自身が社会資源のひとつになる、その覚悟です。

一方で、そうはいっても、対人援助には確かなテクニックも必要です。テクニックとは、臨床経験をふまえて獲得され、定着するものかもしれません。しかし、一人の支援者が、短時間で十分な臨床経験を積むには限界があります。また、経験年数の浅い支援者であっても、支援を必要とする利用者を目の前にして、テクニックがありませんというわけにもいきません。

本書は、目の前にいる利用者に、自分がどのように接していくとその人の生きづらさが減るのか、相手にどうしたら言葉が届くのか、さまざまな工夫を試した結果を事例としてまとめました。それらは、多くの諸先輩の助言や指導、メンバーとの出逢いによって生まれたものです。

本書は、30年以上にわたる実務経験を通じて培われてきた著者の支援者としての“直感”というものを、できる限り言語化することで、対人援助に携わる支援者の役に立ちたいという一心で仕上げたものです。

対人援助の難しさを感じ、葛藤を抱えている支援者がいるのであれば、本書が、その難しさや葛藤を小さくし、対人援助の“やりがい”を感じられる、そのわずかな手助けができれば、これに勝る喜びはありません。興味・関心のある部分、手に取りやすい部分からでも構いませんので、ぜひご一読ください。

2020年10月

吉田　悦規

推薦の言葉

著者は、2003年に「SSTがやりたい！」といって、新しいスタイルの精神科単科病院のリハビリテーション部門（以下、「リハ部」と記す）で活動を開始しました。新しいスタイルと紹介するのは、病棟や外来とは独立した部門で、しかも、外部の精神科病院からのオファーにも応じていたという特徴を聞いたからです。当時は外部の精神科病院の当事者に、プログラムのみの参加を認めていた精神科病院は皆無に等しかったように思います。そして極めつけは、著者が看護師としてではなく、SST認定講師でSST実践家として、リハ部のチームメンバーに採用されたのですから、画期的な病院改革の始まりだったことになります。もちろん、著者を採用された院長に先見の明があったのはいうまでもありません。

実践家は、目の前の当事者の一人ひとりに見合った対処法をみつけることは得意としますが、それを言葉にするのは、日々の業務に追われ苦労するといわれています。多分に漏れず、著者も執筆に取りかかってから5年余りを費やすことになったといいます。しかしその結果、多くの事例に向き合い、チームでもまれることになったからこそ、アセスメントに必要なポイントを分かりやすく導き出すことができたのではないでしょうか。

著者は、2011年1月の出版[★1]に続き、本書の出版に漕ぎつけています。本書は、現在の勤務先である精神科病院のリハ部で、当事者に向き合った事例を中心にまとめています。

著者は、看護の知識を軸に、支援の幅を広げたいという想いで精神保健福祉士を取得し、さまざまな技法を学習するなかでSSTと出会い、認定講師を取得しました。看護師というアイデンティティと、精神保健福祉士という福祉のアイデンティティをもち、時には看護職を強く出して当事者に寄り添い、時には福祉職を前面に、迷いながら実践を重ねる時期もあったことと思います。だからこそ著者の強みは、その両方を柔軟に使い分けできたことだと思います。それは本書の「PART Ⅰ」Chapter Ⅱなどに表現されています。

また、当事者と出会う前の準備は、対人業務にかかわる支援者にとって基本中の基本です。与えられた当事者の情報から、解決策を見立てて提案できるように準備することや、当事者の主体性を引きだす工夫など、多くの実績に裏打ちされた技術となって紹介されています。

そして「SSTがやりたい！」と飛び込んだリハ部の面接に活かせるSSTでは、SSTの構成要素である受信―処理―送信をコミュニケーションのアセスメントに応用しています。また、Chapter ⅢやChapter Ⅳでは支援者のための技法として、著者が当事者と対峙するときの姿勢を解説しています。

ここに著者の長年に渡るSST実践の成果がまとめられたということでしょう。

「PART Ⅱ」は、事例を中心とした、「PART Ⅰ」の実践記録です。

「受付表」「オーダー表」「アセスメント表」の使い方、面接を通じて生活基盤を確かめる「チェックリスト」や「アンケート表」を活用して、当事者の目標達成に向けて、ともに計画を立てて、実行していく流れをつかむことができます。

★1……瀧本優子・吉田悦規編『わかりやすい発達障がい・知的障がいのSST実践マニュアル』中央法規出版、2011年

どの事例も丁寧に面接をしている様子が読み取れます。

最後に、アセスメントの難しさは多くの支援者が経験していますし、キャリアアップのためには必要不可欠な試練の一つといえるでしょう。

望ましいのは一人であれこれ考えるよりは、自分自身がチームの一員として相談できるスタッフを得ることですが、著者の豊富な経験からまとめられた本書を手元に置いて、必要なときに参考にできれば安心です。事例を読み解くためのヒントや、チームの事例検討会議やスーパービジョンなどにも役立てていただけるものと期待が高まります。さらには、新しい支援方法が開発できるかもしれません。

関係者の方々に、広く本書の活用をお薦めいたします。

2020 年 10 月

八木原律子

目次

PART Ⅱ

事例を読み解く

序　本書をひも解く前に

● クライエントと支援者との関係

　はじめに、クライエントと支援者との関係についてふれたいと思います。野中は、リハビリテーションを行うにあたって、本人との関係づくりについてまとめています（図）。

図　プログラムは媒介

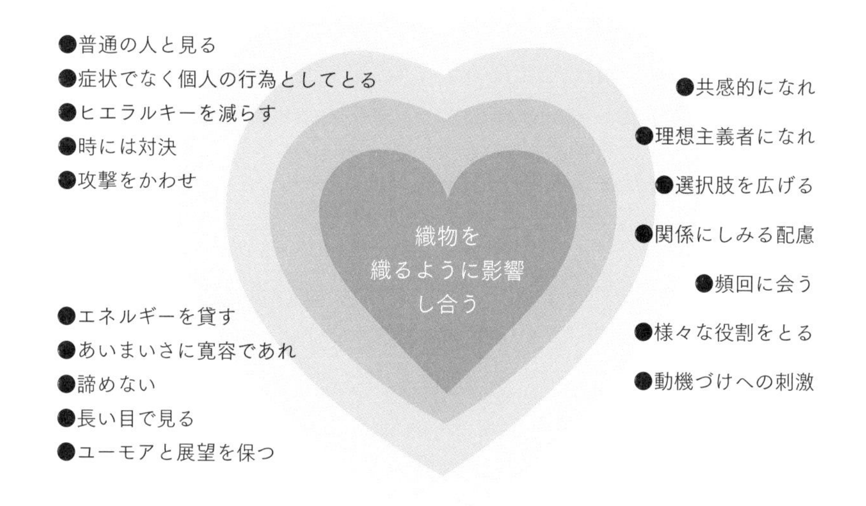

出典：野中猛『図説 精神障害リハビリテーション』中央法規出版、2003 年、54 頁

本書を読み終えたときに、この図を見直してください。これをみると、支援者がどのような関係性を築き上げていくべきか、ヒントを得られるように思います。図のひとつひとつの言葉をバランスよく意識して本人とかかわる。織物を織るときのように、すべての言葉を大切にして接するとき、本人との関係性やリハビリテーションがよい方向に向かうのではないでしょうか。図に記されている言葉のうち、「時には対決」や「攻撃をかわせ」「エネルギーを貸す」「あいまいさに寛容であれ」も大切だと感じています。いずれかに偏らない“バランス感覚”を大事にしたいと思います。

● クライエントは「特別」ではない

対人援助に携わっていると、さまざまなクライエントに出会います。クライエントがなぜ自分の前に姿をみせたのか、なぜ相談に訪れたのか、その人のそれまでのヒストリーがあります。著者はその人の生きづらさに思いを寄せます。その人が、それまでの生活のなかで、困難と生きづらさを抱えながら、生き延びてきたことを、しっかりと受け止めます。それは、たとえ、自分自身を傷つけずにはいられなかった人、ひきこもって家族に暴力をふるった人、法を犯した人であっても同じです。生活歴と障害の特性による生きづらさを理解し、その人が「自分と同じ弱い人間である」という前提に立ってかかわりたいと思うのです。自分もその人と同じような生活を送っていたら、また、同じような特性があり、生きづらさを抱えていたら同じことをしていたのかなと考えます。「私はその人と同じような生き方をしていたかもしれない」のです。目の前にいるその人だけに起こった特別な状況なのではなく、誰にでも起こり得る状況だと思ってしまうのです。

だからこそ、著者は、クライエントと、「特別」な人ではなく、自分と同じ「弱さを抱えた人」としてかかわっています。

クライエントとの一期一会の出会いは、偶然ではなく、必然です。相手が、本気で、生きづらさや現状を変えたいと思っていることに気がついたら、全身全霊でその人のサポーターになってください。一人ひとりの家庭背景、社会的背景、症状や障害特性は異なりますが、人として対等に接することが求められます。

「今、ここで」のかかわりが、クライエントの変化にすぐには結びつかないかもしれません。支援の結果を急ぎ足で望みがちですが、すぐに変化があらわれなくとも、じっと待つことも大切です。それは、種まきの作業のようなもので、支援者が焦っても、状況が変わらないことも多いものです。例をあげると、10年間という時間、いくらリハビリテーションをしても変化のなかったクライエントが、急にスイッチが入ったかのように10年前の話を思い出し、変わっていったことがあります。すぐに答えが出ないのは、その時期が、クライエントにとっての“タイミング”ではないということなのでしょう。家族についても同様です。変わらないと思っていた家族が、本人の変化によって、変わりはじめることもあります。

● 直感も大切

プロ棋士の羽生善治は、「直感」について、次のようにまとめています[★1]。

> 直感は、本当に何もないところから湧き出てくるわけではない。考えて考えて、あれこれ模索した経験を前提として蓄積させておかねばならない。また、経験から直感を導き出す訓練を、日常生活の中でも行う必要がある。
> もがき、努力したすべての経験をいわば土壌として、そこからある瞬間、生み出されるものが直感なのだ。それがほとんど無意識の中で行われるようになり、どこまでそれを意図的に行っているのか本人にも分からないようになれば、直感が板についてきたといえるだ

★1……羽生善治著『直感力』PHP研究所、2012年、23・33頁

ろう。

直感は、目を瞑(つぶ)ってあてずっぽうにくじを引くような性格のものではない。またその瞬間に突如として湧いて出るようなものとも違う。今まで習得してきたこと、学んできたこと、知識、類似したケースなどを総合したプロセスなのではないか。
直感は、ほんの一瞬、一秒にも満たないような短い時間の中での取捨選択だとしても、なぜそれを選んでいるのか、きちんと説明することができるものだ。適当、やみくもに選んだものではなく、やはり自分自身が今まで築いてきたものの中から生まれてくるものだ。

支援にあたっては、いわゆる「直感」を大切にすることも必要です。ただし、「直感」とは、単なる当てずっぽうとは異なります。羽生棋士の言葉を借りれば、「直感」は経験から導き出されるものであり、ただ漫然と経験を積んでいくのではなく、支援ごとにそれまでのかかわりを振り返ることが大切です。うまく進み、本人の課題が解決した場合にはその理由を、うまくいかなかったり、問題が起こったりした場合には、その原因を探らなければなりません。悩み苦しみ、追い込まれて考えるのは、誰にとっても苦しい作業です。その作業から逃げるのではなく、真剣に向き合い、手に入れたそのスキルは必ず身につきます。

また、アセスメントでは、相談の前にもあらゆる情報を収集しておきます。そのうえで、「直感」も大切にします。その直感を、さまざまな角度から正しく吟味し、確信に変え、短時間でエビデンスを得られれば、支援の幅や深み、スピード感が増していきます。

● 事例を読み解くにあたって

「はじめに」でも述べたように、本書で紹介する事例は、著者が30年以上にわたる臨床経験を通じて出会った、統合失調症、発達障害、知的障害、ひきこもりなどを抱えていたクライエントとのかかわりです。退院支援、地域生活の支援、就労支援（リワーク（職場復帰支援）、職業準備支援、職場定着支援）に取り組んだ内容を網羅しています。支援の過程で、多くのクライエントやメンバーからもらった、さまざまな方法論や答えがつまった事例になっています。読者の皆さんが同じような場面に遭遇したときに、支援過程におけるテクニックやヒントのひとつとして、一緒に考えて、自分の答えを出してほしいと思います。

初回相談やアセスメントの場面では、クライエントの希望を聞くことになります。ここでは、なぜ、なぜ、なぜと、次々にクライエントの心の扉を開けてもらいます。欲求に直結するものが出てきても、否定せず、クライエントの覚悟や本気度を確認して、支援者も覚悟をもって、クライエントとともに課題に焦点を当てていきます。このほか、統合失調症の陰性症状のあるクライエントとのかかわり方、声かけのテクニック、知的障害、発達障害の特性を理解して接するテクニックなどを紹介しています。

本書を最初から最後まで、一度に目を通すのは難しいかもしれません。まずは、自分の役に立ちそうな部分だけピックアップし、改めて必要になったら、そのとき本棚から取り出して読んでもらいたいと思います。

● 課題にぶつかったとき、疲れ果てたとき

クライエントとの長いかかわりや援助で疲弊したら、いったん立ち止まって、自分自身の生活に戻りましょう。自分自身にご褒美をあげて、リフレッシュしてください。自分をいっぱいほめてくれる人の存在も大切です。

スーパーバイザーの支援を得たり、初心に戻ってそのころの学んだ知識を振り返ったりするのも有効です。誰かからいっぱいほめてもらうことのよさも知ってください。

燃え尽きて、クライエントとのかかわりから逃げたくなっても、それは一生懸命やった結果で、自分が頑張ってエネルギー切れになっただけだと知ってほしいと思います。

PART I

事例を読み解く前に

Chapter I

相談援助とは

1. なぜ相談援助をはじめたのか

本書をはじめる前に、まず説明しておきたいことがあります。なぜ、看護師である著者が、相談援助の本を書くことになったのかということです。それは、そもそも、なぜ看護師が相談援助をするようになったのか、ということにもつながります。

それは世の中の流れでもあり、必要に迫られてでもあります。

かつて、精神科病院における治療の対象のほとんどは統合失調症でした。しかし、現在では、気分障害、発達障害、知的障害、高次脳機能障害なども対象とするようになりました。病院で治療して退院すれば一区切りだった仕事がそうはいかなくなったのです。退院指導にあたり、退院後の生活はどうなるのか、地域にはどのようなサポートがあるのか、何も知りませんでした。また、退院指導のためのリハビリテーションを考える際、まずクライエント本人が退院後の生活をどう考えているのか、相談を通じてその希望を確かめる必要がありました。そのため、著者は必然的に相談援助について学ぶことになり、技能を高めるトレーニングをするようになりました。

2. 相談援助とは

「相談」とは、「互いに意見を出して話しあうこと。談合。また、他人に意見を求めること」とあります[★1]。私たちの目の前にいるクライエントはどのような問題を抱えているのでしょうか。「一向に体調がよくならない」「働きたいのに働けない」などさまざまです。私たちは、第三者の立場で、何より、専門家の立場で、それらの問題を解決するために「支援」する立場にあります。体調の改善を図るには、あるときは服薬管理を徹底することが必要かもしれませんし、また、あるときは、生活リズムを一定に保つことが大切になるかもしれません。また、「働くこと」を保障することが妨げられている場合、問題の所在は仕事の探し方にあるのかもしれませんし、作業能力に課題があるのかもしれません。あるいは、対人コミュニケーションに課題があるのかもしれませんし、物事の捉え方に課題があるのかもしれません。

「相談」は、数多くの可能性を考慮して進めていきます。目の前にいる人の抱えている問題は千差万別であり、「今」「ここに」いる経緯は一人ひとり異なります。取り巻く環境や抱える問題、家族との関係も一様ではありません。そのため、問題の解決にあたって大切なことはまず、その人の話をしっかりと聴く、傾聴することです。目で、心で、体全体で、そして、言葉で、「聴いている」ことを相手に伝えつつ、何が課題なのか、その背景は何か、本当の要望（ニーズ）は何か、そのニーズを引き出し、適切な支援につなげていくには何が必要かなどを考えていきます。

また、相談を通じて、私たちはクライエントの体調、特性、そして家庭の事情などにも配慮することが求められています。それはまさに「正解のない」かかわりといえます。同じような生きづらさを抱える人に、同じような支援を提供したとしても、同じ結果になることはありません。著者も日々難しさを感じています。しかし、同時に大きなやりがい

★1……『広辞苑 第7版』岩波書店、2018年

も感じています。

本書では、それらをふまえ、「相談援助」を「障害や病気がある利用者（必要に応じてその家族）の相談にのること」「要望を聞いて適切な各種サービスを提供すること」「必要に応じて、関係機関と連携・調整してサービスを紹介すること」とします。

なお、本来であれば、サービスを提供するための「利用計画の作成」が相談援助の欠かせないプロセスですが、本書では、相談援助のプロセスのうち、特にアセスメントに焦点を当て、そのポイントなどを紹介することを意図しています。したがって、利用計画の作成についてはあえてふれないこととしています。

Chapter II

アセスメントの重要性と具体的な方法

相談援助では、クライエントの「相談にのり」「要望を聞いて、的確な各種サービスを提供する」必要があります。そのために、私たち支援者には、相談援助スキルのひとつとして「アセスメント」の力が求められます。

1. アセスメントとは

相談援助という正解のないかかわりにあって、課題の解決のため、よりよい相談援助を展開するには、アセスメントが欠かせません。アセスメント（assessment）とは、日本では主に「客観的評価・査定」という意味で使われていますが、本書では、①適切な支援を提供・紹介するための情報収集、②背景と課題をはじめとした、その人、ならびに、その人を取り巻く環境を理解することとします。

誤解されやすいため、書き加えておきますが、相談援助におけるアセスメントとは、相談が「はじまるまで」のことを指すのではありません。もちろん、それも含みますが、著者が考えるアセスメントとは、「クライエントに会う前」「相談中」「計画された支援サービスが実行されている最中」「計画実行後の振り返り」の過程を含んだものです。つまり、相談援助は「アセスメントにはじまり、アセスメントに終わる」といえます。

2. クライエントに会う前にしておく3つのアセスメント

クライエントと会う前に次の3つの方法でアセスメントをはじめます。

①　フェイスシートを十分に読み込む（YOSHIDA'S METHOD ①）

クライエントと面談にのぞむにあたって、機関によって事前情報がある場合とない場合があるかと思います。フェイスシートは、一般的に初回面談・初回面接において使用します。クライエントの氏名や家族構成といった基本情報をまとめます。7ページにその例を紹介します。当日フェイスシートを記入してもらう場合であっても、クライエントが書き終わったら、落ち着いて眺めてください。いったんその席を外してもよいでしょう。

ここでは、フェイスシート（受付票）をみながらアセスメントのポイントを紹介します。具体的には、①年齢、②職歴、③最終学歴、④障害・病気に関する情報、⑤障害年金の受給、⑥家族関係について、まず確認します。

なお、相談の目的があらかじめ明らかになっている場合は、その目的に応じて、内容を追加するなどしてください。例えば、相談の目的が就労である場合は、「就職・復職に向けた希望」や「取り組んでみたいと考えている仕事、または復職予定の仕事」「勤務時間」「雇用形態」などについて確認してもよいかもしれません。

また、障害にかかわる情報は、個人情報の保護に関する法律（個人情報保護法）の「要配慮個人情報」にあたります。その取得にはあらかじめ、本人の同意が必要です。

まず、①の年齢の確認です。その人が、思春期、青年期、成年期、老年期のどのライフサイクルにあるのかをみます。ライフサイクルによって、その発達課題や年齢をふまえた対応を考える必要があります。

次に、②の職歴をみます。まず、面談の際、職業についているかどうかです。職業についている場合は、相談に訪れた背景として、仕事や対人関係の課題、体調や生活環境にかかわる課題、転職の希望などが考えられます。職業についていない場合、本人に収入がありませんから、生活費がどのように賄われているのかも確認します。家族の収入で賄われている、障害年金を受給しているなどが考えられます。家族の収入による場合、本人と家族との関係性をうかがうヒントになります。また、本

受付票（例）

日付	年　月　日
ふりがな	
氏名	
生年月日	年　月　日 （　歳）

住所・移動手段	〒　－
	□自家用車　□自転車　□二輪車
	□電車　□バス　（最寄り：　）
	TEL　－　－ FAX　－　－

最終学歴

学校名 卒業年	（　） （　年　月　・　中退）

職歴（直近の職歴をご記入ください。職務経歴書を提出いただける場合は、記入を省略してください）

勤務先名称	所在地	業務内容	在職期間
			年　月～　年　月
			年　月～　年　月
			年　月～　年　月

障害・病気に関連する情報

障害名・診断名：		定期通院および服薬の有無： 定期通院：□有り・□無し 通院先：（　） 通院頻度：　＿週間に1回　・　＿曜日に通院 服薬：　□有り・□無し 1日　＿回（朝・昼・夕・就寝前・頓服） 年金・手当等：　□有り・　＿級・　□無し （□障害基礎年金　□障害厚生年金　□傷病手当金）
主治医の意見（　） 取得されている手帳と等級： □身体障害者手帳（　）級　□申請中 □療育手帳（　）級　□未取得 □精神保健福祉手帳（　）級 自立支援医療の利用：□有り　障害支援区分（　）		

医療機関や障害福祉サービス等の利用歴

名称	活動内容	利用期間	担当者
		年　月～　年　月	
		年　月～　年　月	

家族関係

続柄	年齢	連絡先	続柄	年齢	連絡先

相談したいこと

＊差し支えのない範囲でご記入ください。
＊各記入欄の年に関しては、和暦・西暦いずれでご記入いただいても構いません。
＊各記入欄にある□には、当てはまるものに☑をつけてください。

人に家庭以外の所属先がない場合、ひきこもりになっている可能性があります。

また、職歴を確認にするにあたっては、③の最終学歴とあわせてみます。学校を卒業した後、初めて就職するまでの間にブランクはないか、ブランクはなくても学校で学んだ専門分野と方向性が異なる職種についていないか、あるいは、短い期間で転職を繰り返していないかといったことです。例えば、国公立大学の理工系学部を卒業しているものの、就職歴がなかったり、離転職を繰り返していたりする場合、本人が、どの期間に、困り、悩み、苦しんだのか、生きづらさを抱えていたのか推測できます。その背景には、“就職氷河期”といった社会経済状況があったのかもしれませんし、希望職種につくことが難しかったのかもしれません。体調不良や家庭の事情があったのかもしれません。あるいは、職場でのコミュニケーションのとりづらさや臨機応変な対応が苦手であるなど、その人の特性があったのかもしれません。

なお、④の障害・病気について診断を下すのは医師です。私たち支援者にその権限はありません。しかし、近年、その人の特性をふまえ、支援者が解釈、推測して疾病・障害名を本人や家族に伝えるケースが増えているように思われます。これは人権問題にかかわります。慎重に検討したい内容であることを忘れてはなりません。

⑤の障害年金等の受給の有無も大切なアセスメントのポイントです。なぜなら、障害年金を受給していない場合、家族に障害年金に関する情報が届いていないのかもしれません。または、家族に病識がない、家族が世間体をはばかり、障害のあるクライエントの存在を隠している、もしくは家族が本人の障害の受容をできていないなどの理由が考えられるからです。

⑥の家族関係も確認しておきましょう。家族が高齢である場合は、将来的に本人に対する支援が困難になるかもしれませんし、その家族自身にも支援が必要となるかもしれません。したがって、家族のための社会資源の活用を考える必要が出てくることがあるかもしれません。また、クライエントによる家族への暴力がわかった場合は、家族分離も視野に

入れておく必要があります。場合によっては、家族に対するアプローチも有効ではないかと考えます。家族構成員の間の力動もみなければなりません。例えば、支配型や共依存の場合もあります。家族自身が何らかの障害を抱える場合も対応に工夫が求められます。

これらをふまえたうえで、本人にかかわることが最初の一歩になります。

② 関係者に連絡をする（YOSHIDA'S METHOD ②）

すでにフェイスシートが手元にある場合、事前にその内容を確認し、気になることがあれば、事前に本人の同意を得たうえで、電話などで情報提供先（関係機関）に確認しておきます。そうすることで、面談の際、クライエントの「またその話か」「また、1から話さないといけないのか」という負担を減らすことができるからです。支援者にとっても、時間の短縮、負担軽減につながります。何よりも、相談内容を深め、本当に「困っていること」に焦点をあてることができます。可能であれば、相談場面に関係者の同席を依頼することも考えます。本人の情報を支援者の間で共有することができ、より効果的な支援につなげられるかもしれません。

なお、面談の後に、関係者の存在がわかる場合があります。そのときは、面談を終えた後であっても、本人の同意を得たうえで、連絡を取り合い、連携を開始します。

③ 提案できそうな解決策をいくつか用意しておく（YOSHIDA'S METHOD ③）

「クライエントに会う前」までの情報収集を的確に行えば、事前にある程度のアセスメントができます。実際に面談にのぞむにあたり、提案できそうな、あくまでも解決策の「案」を、いくつか用意しておくことが望ましいでしょう。十分に経験を積まないうちに、「丸腰で」相談にのぞむと、クライエントの話に引き込まれ、支援者としての対応がおぼつかなくなってしまうこともあります。

また、「次回までに考えておきます」と、解決策の「案」を提示せずに面談を終了してしまうと、「困っていることは伝えたけど、結局どうすればいいの？」とクライエントは途方に暮れてしまいます。そのため、解決策の「案」はいくつか用意しましょう。実際に会う前なので、上司や同僚、関係者と相談しながら冷静に用意できるはずですし、支援者自身の「これだけ用意してあれば大丈夫」という安心感にもつながります。もちろん、相談を通じて、新しい事実や、事前情報と異なることが明らかになる場合も珍しくありませんので、事前の解決策は提案できないかもしれないことを想定しておく必要もあります。

クライエントとの相談にあたり、事前に準備を整え、その流れやシナリオのようなものを考えることもあるでしょう。ただ、面談がそのシナリオのとおりに進むことは、ほとんどありません。当然、クライエント一人ひとりを取り巻く環境や抱える課題、家族との関係、そして、「今」「ここに」至る経緯などは異なります。それらをふまえ、問いかけを発し、その答えの内容によって、フィードバックし、あらかじめ考えていたシナリオに修正を加えていく。これらの過程もアセスメントです。つまり、事前に準備していたシナリオに忠実に従うのではなく、実際の相談場面における、クライエントの言動、行動、表現も含めて、新しく得られた情報もアセスメントとして考えるのです。あらかじめ用意したものは、アセスメントをするうえでの「準備」のひとつにすぎないと考えておくとよいと思います。

3. 初回の相談で行う3つの質問

ここまでの作業で、クライエントに会う前の準備はできたとしましょう。ただ、いくら事前情報があったとしても、初めて会うクライエントに、面談でいきなり本題から入ることができますか？

いきなり本題にふれることをためらってしまうのは、「（話しやすい雰囲気づくりのため）その日の天気や来所方法など、雑談からはじめたほうがよい」「ラポール（クライエントとの信頼関係）形成のため雑談が必要」などと学んできたからではないでしょうか。

しかし、目の前のクライエントは、相談の前に一呼吸おきたいものでしょうか。回りくどい方法を期待しているのでしょうか。雑談がしたくて相談に来たのでしょうか。

抱えている課題はできるだけはやく解決したいものです。課題を解決するために必要な質問を投げかけ、核心に迫ることで、時間的にも体力的にも負担が少なく支援を進められるようになることを目指したいと考えています。そうすることで、クライエントだけではなく、支援者も疲弊が少なくなるからです。

そこで、著者が実践しているのは、次の「初回の相談で行う3つの質問」です。

① 「あなたは何がしたいですか」と夢や目標について質問する（YOSHIDA'S METHOD ④）
② 「（夢や目標に向けて）あなたは何ができますか」と質問する（YOSHIDA'S METHOD ⑤）
③ 「（夢や目標に向けて）私たち支援者は何ができますか」と質問する（YOSHIDA'S METHOD ⑥）

この3つの質問により、クライエントの本当の要望（ニーズ）は何か、そのニーズを引き出し、適切な支援につなげていくには何が必要かなどを、きわめて短い時間で考えていくことができるようになります。出会ってすぐに雑談をして盛り上がるあまり、冗長な相談になってしまったことがありませんか？　関係性は深まったけど、核心に迫れていない相談になっていることはありませんか？　互いに「時は金なり」です。専門家として、スキルのひとつとして心にとめておいてほしいと思います。

4. 生活基盤を確かめる6つのポイント

さて、相談がはじまりました。クライエントに関するアセスメントはこれからも続いています。ここからは、相談中に必要なアセスメントの具体的な方法を紹介していきます。

1) 生活基盤である医療（衣料）、食事、睡眠、住居、金銭をアセスメントする（YOSHIDA'S METHOD ⑦）

クライエントの本当の要望（ニーズ）を叶えるには、クライエントの努力と私たち支援者のサポートの向かう先が一致することが必要になります。また、生活基盤を整えることが大切です。生活基盤が整っていない、あるいは、揺らいでいることが、ニーズを阻害する要因のひとつだからです。

生活基盤について、アセスメントで確認するポイントは、①医療、②衣料、③食事、④睡眠、⑤住居、⑥金銭（の管理）の6つです。面談を通じて確認していきましょう。

① 医療

1つ目は医療です。これは通院しているクライエントに限るものではありません。体調が悪いのに通院できていない人も含まれます。適切な医療、治療につながっているか、主治医に症状を正しく伝えられているか、服薬管理ができているか、体調が悪くなったら連絡、相談ができるかなどです。

② 衣料

2つ目は衣料です。①の「医療」とは音が一緒ですね。服装のことです。洗濯はされているか、年齢、性別、場面にあった服装ができているのかなどです。また、衣服ににおいがある場合、入浴ができていない環境かもしれない、自宅に犬や猫などが大量にいるかもしれない、エサ代がかかっているかもしれない。そのように、さまざまなアセスメントをするヒントが隠されているのです。

③ 食事

3つ目は食事です。食事は、生活基盤を整える際の大切なキーワードの1つです。居宅介護（ホームヘルプサービス）などのサービスやコンビニエンスストアを利用しながら、地域で生活できる力をもっているかどうか見立てることがアセスメントにおけるポイントです。

調理に必要な一般的な技術を身につけるのは難しい場合が多いので、冷凍食品を利用する、スーパーマーケットの特売日やセールの時間を知る（利用する）などの方法を考えることも大切です。

一方で、食事の内容が偏っているなど、クライエントだけでは十分な栄養をとることができないと判断した場合には、精神科デイ・ケアを利用する、居宅介護（ホームヘルプサービス）を導入して買い物や食事づくりを支援してもらうといった方法を考えます。

なお、薬の服用時間が「食後」の場合、「食事をしていないので薬を飲まない（飲まなかった）」というケースがみられます。適切な服薬は生活の基盤を整えるうえで欠かせません。食事の代わりに、「牛乳やジュースを飲む」「バナナなどを口にする」などの方法も考えられます。「牛乳を飲んで」と一声かけるだけで、薬の飲み残しが減ることがあります。

また、長年の習慣から、1日に2回しか食事をとらないクライエントの場合、主治医に、2回に分けて処方してもらうよう相談するといったことも必要になります。

④ 睡眠

4つ目は睡眠です。決まった時間に寝ているか、起きているか、睡眠の質はよいかなどです。浅い眠り、途中で起きてしまう中途覚醒、夜中に何回も起きてしまう断眠、早朝に起きてどうしてよいか分からなくなる早期覚醒、眠るまでに1時間以上かかる入眠困難があります。ニーズに対する大きな阻害要因のひとつが、昼夜が逆転した生活です。その原因はゲームなのか、スマートフォンなのか、運動不足なのか、アプローチしていくことが可能となります。

⑤ 住居

5つ目は住居です。どのような建物に住んでいるのか、その住宅費は誰が負担しているのか、誰と住んでいるのかは、支援を進めるうえで意外にポイントになります。特に、一人暮らしなのか、家族と同居しているのか（それは親なのか、子どもなのか）、はたまたパートナーや同居人がいるのかによって、家族をはじめ、本人以外からサポートは得られるのか、支援者はどこまでサポートに介入できるのかといったことが整理されていきます。

⑥　金銭（の管理）

最後の6つ目は金銭（の管理）です。生活するうえで不可欠なツールのひとつです。「フェイスシート」を通じて、職歴の有無を確認することで、クライエントの生活費が自身の給料で賄われているのか、家族の援助によるのか、障害年金によるのか、整理することができると紹介しました。金銭が管理できているか、節約しすぎていないか、浪費していないかなどもポイントになります。一時的に浪費がある場合、気分が躁状態にあることも考えられます。浪費癖があるクライエントであれば、「これまでで一番高い買い物は?」と質問することもよいかもしれません。

以上の6つは生活基盤を確かめるために欠かせないポイントです。

参考として、アセスメントシートを紹介します（15～19ページ）。なお、アセスメントシートは、フェイスシートとは異なり、面談を通じて支援者がまとめていきます。

5. SSTの手法をふまえたコミュニケーションに関するアセスメント

クライエントとの面談、やり取りで「???」とクエスチョンマークが浮かぶことはありませんか。それは、家族、友人、職場の上司、同僚、関係機関職員とのコミュニケーションでも同様です。私たちは言葉を使ってコミュニケーションを図っていますが、互いにすべての情報を完璧に伝えられるわけではありません。それでも、何とか伝えようと必死です。著者も本書を、何とか読者の皆さんにお伝えしようと必死に言葉を選んで書いています。

ここでは、SST（Social Skills Training）の手法をふまえた、コミュニケーションに関するアセスメントの応用術について紹介します。相談援助にあたって、大いに役立てることができると思います。

アセスメントシート（例）

ふりがな		相談日	年　月　日
氏名	①	相談方法	
		経由機関 受付担当者	
性別	□男　□女	手帳	□有　□無
生年月日	年　月　日 （　歳）	種類・等級	
現住所	〒　②	診断名	
TEL			
FAX			

相談者氏名		その他の 連絡先　③	氏名	
本人との関係			関係	
住所	〒		住所	〒
TEL			TEL	
FAX			FAX	

家族	続柄	氏名	年齢	職業・学校	同居・別居	特記事項
					□同　□別	
					□同　□別	
					□同　□別	
					□同　□別	
					□同　□別	④

相談内容 （新規・継続）	
現在利用して いるサービス	⑤
紹介状の有無	
対応者所見・ その他の情報	

生活歴・学歴（就学前に受けた支援を含む）

エコマップ

その他（成年後見制度、その他の社会資源の利用等）

緊急時の連絡手段・方法（電話・緊急通報機器等）

⑥

身体介護の必要性とその内容

起床・就寝（声かけ・習慣）　着替え（上着・ズボン等）　食事　排泄　入浴　整容

生活費の出どころ

医療処置（通院・診察・処理）　**医師の診察結果の説明**

健康管理（病気の訴え・病気に対する留意・栄養管理） 服薬管理 処方薬の内容

既往歴

⑦

リハビリテーションのゴールの予測

社会生活・社会参加

⑧

就労

⑨

① 氏名

事前情報などがあり、その内容から、「姓」の変わっていることがわかった場合、個人情報やクライエントの気持ちなどにも配慮しながら、その理由を確認できるとよいでしょう。クライエントと両親との関係、父親と母親との関係、生活費を誰が負担しているかといったことが推測できます。

② 現住所

住所の変更が多い場合、国民健康保険の保険者が変わっている場合があります。

③ その他の連絡先

行政の担当者、福祉事務所の担当者の連絡先についても記載します。

④ 家族

確実につながる連絡先を把握します（携帯電話の番号など）。このほか、クライエントと家族との関係、健康状態、病気・障害の有無について確認します。

⑤ 現在利用しているサービス

市町村によって社会資源の内容が異なります。

⑥ 緊急時の連絡手段・方法

三親等内の親族、内縁関係にある場合はその連絡先を把握します。常に更新してください。

⑦ 既往歴

入院歴がある場合は入院形態を確認します。通院歴がある場合も確認します。

⑧ 社会生活・社会参加

社会や集団生活への適応の状況、余暇活動や地域活動への参加、趣味・社会的活動、当事者活動への参加について把握します。作業所・デイケアの利用も含みます。

⑨ 就労

就労の意義を理解しているかどうか、就労に対する動機づけ（就労意欲）、仕事内容の理解・技術習得、就労のための送迎・移動支援の必要性について確認します。それまでに就労した経験がある場合はその内容などについても把握します。

1） クライエントの「受信技能」「処理技能」「送信技能」をアセスメントする（YOSHIDA'S METHOD ⑧）

情報伝達におけるコミュニケーションに必要な技能は、大まかに、受信技能、処理技能、送信技能に分けることができます。私たちは身の回りで起こるさまざまな状況に、「受信」「処理」「送信」の技能を用いて対処しています（表）。これらの技能は、多くの場合、それまでの社会経験や学習から自然に身についていきます。しかし、認知機能に障害があると、これらの技能を学習することができなかったり、適切に使うことができなかったりして、ふさわしいコミュニケーションをとることができません。「受信」「処理」「送信」の3つの技能とそのアセスメントのポイントについて表に整理しました。

表　コミュニケーションの3つの技能

①　**受信技能**	外界からのさまざまな情報を目や耳などから受け取り、自分にとって必要な情報を適切に選び取る技能
②　**処理技能**	受信した状況に対して取り得る行動の選択肢を考え、その選択肢を行動に移せるかどうか、それを実行したときのメリット・デメリットは何かを、これまでの経験やその場の状況に照らし合わせて、自分の取るべき行動を選択する技能
③　**送信技能**	処理技能で選択した行動を適切に実行する技能

表　受信技能、処理技能、送信技能のアセスメントポイント

・相談を通じて、受信技能・処理技能・送信技能のうち、得意なもの、不得意なものを把握する
・それぞれの技能がどの程度なのかを把握する
・不得意な技能に関して、「障害特性による」のか、「経験不足による」のか、「学習の機会がなかった」のか、その理由について見立てを行う

相談を通じ、情報を伝達し合うことで、受信技能・処理技能・送信技能のうち、クライエントが得意とする技能、不得意な技能を把握します。

また、それぞれの技能がどの程度できているのか把握します。不得意な技能についてはその要因、理由を見立てることがポイントになります。

①　受信技能のアセスメント

受信技能のアセスメントでは、得意な受信技能、苦手とする受信技能は何かを探していきます。「やってみせ、言って聞かせて、させてみて、ほめてやらねば人は動かじ」という言葉があります[★1]。

「やってみせ（手本を示す）」「言って聞かせて（説明する）（クライエントにとっては聞く）」「させてみて（体験する）」ことで、情報を受信しやすくなることもあります。障害特性により、文字で読むことが得意なクライエントもいます。一方で、聞くことが得意なクライエントもいます。「見る」「聞く」「読む」「体で覚える」のうち、どれが得意か、どれが苦手かを整理します。また、クライエントの一度に受け止められる情報量、集中の持続時間なども相談を通じて把握しておきます。ただし、「一度に受け止められる情報量」と「集中の持続時間」は、面談の過程だけで厳密に把握しようとしなくてもよいでしょう。リハビリテーションや、支援サービスの提供を通じて把握するほうが望ましいといえます。

②　処理技能のアセスメント

処理技能のアセスメントでは、本人が、❶受信した内容をどのように捉えた（考えた）のか、また、❷行動・反応するための選択肢をいくつ用意しているのかを把握します。

❶　受信した内容を（本人が）どのように捉えた（考えた）のか

・社会的に受け入れられる考え方か、受け入れられにくい考え方か
・自動思考の“くせ”はどうなっているか

自動思考とは、瞬間的に浮かんでくる考え方をいいます。例えば、話しかけても返事がない場合、「話しかけた声が小さかったのかな」「周りがうるさかったから聞こえなかったのかな」「何か考え事していたのかな」などと考える人もいますが、クライエントによっては、

★1……かつての連合艦隊司令長官山本五十六の言葉

返事がない → 無視された → 自分には価値がないから無視された → 価値がないなら生きる価値もない → 「死にたい」と思考する人もいます。それが症状によるものなのか、特性なのかを見極めることも大切です。

❷ 行動・反応するための選択肢をいくつ用意しているのか

選択肢の優先順位を確認すると、クライエントの考え方がわかりやすくなります。選択肢が用意できるのか、選択肢が用意されても、その場にふさわしい選択肢が選べるのかが重要になります。「問題解決技法」が有効です。

③ 送信技能のアセスメント

送信技能のアセスメントでは、受信・処理した情報を、その場（相手・状況）にふさわしい言葉、適切な表情や態度、しぐさによって送信しているか、相談場面やクライエントの普段の様子を観察して把握します。アセスメントによって、スキルが身についていないのか、もしくは不安や緊張が強いために適切に送信できないのかなどを判断します。

2） コミュニケーションにおけるルールや考え方を知っているかどうか、実際に使えるかどうかアセスメントする（YOSHIDA'S METHOD ⑨）

ここまで、3つの技能を通じてクライエントのコミュニケーションの「くせ」に注目してきました。次は、クライエントが、❶（コミュニケーションにおける）考え方、ルールを知っているか、❷対処行動を知っているか、❸対処行動を実際に使えるかに注目し、順を追って把握します（図）。

❶ コミュニケーションにおける考え方、ルールを「知っている」場合、具体的な対処行動を知っているかどうか確認します。考え方、ルールを「知らない」場合は、その後の支援課題として整理します。

❷ 対処行動を「知っている」場合、具体的な対処行動を聞きます。相談場面で実際に個別ロールプレイをしてみる方法もあります。その対処方法が適切でない場合は、クライエントの考えや価値観を否

定せずに受け止めつつ、「○○といった考え方（ルール・スキル）もありますよ」と促します。また、本人がその対処行動を有効（使える）と思う理由を聞き、その考え方を共有します。その際、具体例をあげながら、クライエントの得意な学習方法（見る、聞く、読む）を確認します。

対処行動を「知らない」場合、必要なスキルを伝え、不足しているスキルを補っていきます。

❸ 対処行動を「使える（できる）」場合、可能であれば相談場面などで実際に、その対処行動を取ってもらい、「できているところ」を探します。また、本人の発言と実際の行動の差を確認し、対処行動に対する結果を考えます（一般的に相手に与える感情の見立てを行います）。考え方として、「自分も○(まる)、相手も○(まる)」を目指しましょう。

社会経験が不足していると、相手の立場を考える機会を十分に得られず、適切な対処行動を取れない場合があります。対処行動が「使えない（できない）」場合、その後の支援課題として整理します。

図　受信技能、処理技能、送信技能のアセスメントの基本的な流れ

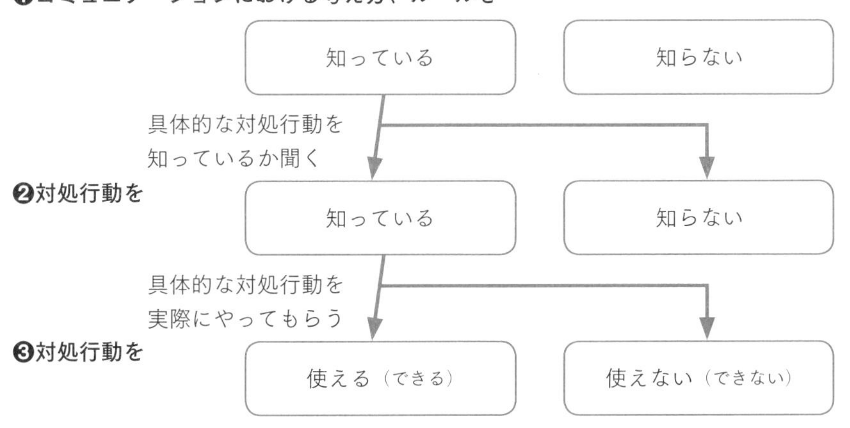

人間関係に課題を抱えることの多いクライエントと接する支援者にとって、「アセスメントの力」は欠かせません。ここに紹介したスキルを、アセスメントの難しさをひも解く際のヒントにしてください。

問題解決技能訓練

問題解決技能訓練は、適切な行動が求められるさまざまな社会生活の場面で、もっとも有効な行動を考え解決案を整理し、自ら解決可能な社会生活技能を選択する力を身につけていく練習です。

SSTは、「行動（アクション）」を通じて言語的・非言語的コミュニケーションのスキルを学習していきます。①課題場面をつくり、実際にロールプレイをする、②ロールプレイが終わったら、うまくできたところ（よい点）をほめ、③こうすればもっとよくなるというアイデアを提案し、④さらによくなるように練習するという順序で、具体的な行動を学びます。

ロールプレイでは、本人が、明らかに自分自身が不利益をこうむる行動を選択するなど、常識的に考えて適切ではない行動やコミュニケーションをとろうとする場合があります。これは、「受信技能」「処理技能」「送信技能」のうち、「処理技能」が適切にはたらかない場合に多くみられます。

処理技能が適切に機能しないと、どのような行動がその場の状況にふさわしいのか判断できないことが少なくありません。このような場合には、問題解決技能訓練を取り入れます。

問題解決技能訓練では、まず目の前にある問題点を明らかにし、次にそれを解決するための解決案を参加者が自由に発表します。参加者から出された解決案は、ホワイトボードなどに表にしてまとめます。さらに、それぞれの解決案について、社会的に認められるものであるかどうか書き出し、それらをふまえて実行できるかどうか、また問題の解決につながるかどうかなどを本人に考えてもらいます。次いで、実行しようと思う解決案を選び、それを実行するために必要になる技能を、ロールプレイを用いて練習します。問題解決技能訓練は、主に「処理技能」を高めるために行います。

Chapter Ⅲ

相談を深めるために行う 7つのこと

さて、ここまでアセスメントの重要性について伝えてきました。

フェイスシートを読み込み、提案できそうな解決策をいくつか用意しておくこと、面談を開始したら雑談をはさまず、核心にふれる「3つの質問」を投げかけること、そして、相談を通じて、「医療（衣料）」「食事」「睡眠」「住居」「金銭」の6つのポイントで生活基盤を確認することが重要になります。

また、コミュニケーションについて、クライエントの「受信」「処理」「送信」の3つの技能を確かめつつ、コミュニケーションにおけるルールや考え方を知っているかどうか、実際に使えるかどうかを見極めていく取り組みがアセスメントとなることを伝えてきました。

Chapter Ⅲでは、アセスメントをしようと相談を進めてきたものの、いまひとつクライエントに踏み込んで聞けない、相談が進展せずに手づまりに陥っていると悩んでいる支援者に向けて、「相談を深めるために行う7つのこと」を紹介したいと思います。

① ふれにくい課題でも正面から理由を聞いてみる
② 提案するときは相手の目をしっかりみる
③ 「あなたが頑張るなら、私はお手伝いします」のスタンスでいる
④ 五感を使うワークを取り入れてみる
⑤ グループワークを活用する
⑥ 社会資源を活用する
⑦ 支援者自身のスーパーバイザーをみつける

1）ふれにくい課題でも正面から理由を聞いてみる（YOSHIDA'S METHOD ⑩）

アセスメントの様子をみた関係機関の支援者の多くから、「よくそんなこと聞けますね」「それって吉田さんだから聞けるんですよ」と言われます。著者としては、「ふれにくい課題でも正面から理由を聞いてみる」は全く意識せずに行っていたことで、「早期の課題改善」のための相談を目指そうとすると、前置きや雑談を省いた「単刀直入の質問」になりました。それは何より、「どうしたら、本人に私の言葉が届くのだろうか」と模索した結果ともいえます。

例えば、「就労支援」にあたり、あくまでも本人が「働くことを希望している場面」で、聞けそうで聞けない、次の質問を例にあげて考えてみます。

「働かない一番の理由は何ですか」

想像してみてください。担当しているクライエントにこの質問を投げかけてみたら、クライエントは何と返事するでしょうか。

あるクライエントは、「ハローワークにいい求人がないからだ」、または「こんな優秀な私を採用しない会社がどうかしている！」「こんなふうに育てた親が悪い」と、「周囲の状況」や「自分にとって都合のよくない過去」に理由を求めるかもしれません。

思い切って「働かない理由」を正面から聞いてみることで、本人がどのような考え方・捉え方をしているかアセスメントすることができます。周囲の状況に、「働かない」理由を求めるクライエントは、もしかしたら、自身の体調、コミュニケーション能力、作業能力、生活リズムについて過大な評価をしているのかもしれません。もしくは、クライエントの捉え方（コミュニケーションの受信機能や処理機能）にくせがあるかもしれないという視点を、支援者がもつ機会になるかもしれません。

また、あるクライエントは「働かないんじゃない。働けないんだ！」と怒りをぶつけてくるかもしれません。そのときはすぐに、「失礼しました。では、“働けない”一番の理由は何ですか」と言い換えてみましょう。やはり、同じように「周囲の状況」や「自分にとって都合のよくない過去」に理由を求めるか、もしくは「働きたいのに、身体や心が思うように動かないんだ」と、「働く意欲はあるけど心身に不安があること」を理由にするかもしれません。そのクライエントの発言からは、「そのとき」の自分に視点が向いていることがわかります。本人の心身の状況についてアセスメントを進めていけばよいというきっかけが生まれます。

避けてしまいがちな課題の理由を正面から聞くことで、膠着状態に陥っている相談に光が差すかもしれません。本人に対して配慮を欠かさない姿勢は保ちつつ、避けてしまいがちな課題の理由を正面から聞く。ただし、これは、諸刃の剣といえますから、事前に上司や同僚と相談したうえで取り入れてください。

2）提案するときは相手の目をしっかりみる（YOSHIDA'S METHOD ⑪）

これは、著者の独特のスタイルかもしれません。クライエントの目を直視することは、クライエントの緊張感を高めさせてしまうため、避けられがちです。

ただ著者には、クライエントのための最善で最良な支援を提供するという強い想いがあります。社会資源がないなら探すか、存在しないなら自分自身が社会資源になるつもりで、支援を提案します。もちろん、同じような姿勢を強要するつもりはありません。しかし、プロの支援者として、提案するときは相手の目をしっかりみることを心がけてほしいのです。なぜなら、考え抜いた支援者の「本気」を「目力」で伝えつつ、クライエントの反応をみてほしい、アセスメントをしてほしいからです。

- 提案を受けた後のクライエントの態度はどうか。目はこちらに向いているか。目は泳いでいないか、視線をそらしていないか。
- 顔は支援者のほうを向いているか。からだは支援者のほうに向けているか、からだが萎縮したり硬くなったりしていないか、肘をついたり、足を組んだりしていないか。

言葉を発する前からクライエントは態度（ノンバーバル）で語りかけてきています。その語りを見逃さないためにも、また、クライエント、支援者双方の思いや考えをすり合わせるためにも、提案するときは相手の目をしっかりみる。一度試してみてください。

3）「あなたが頑張るなら、私はお手伝いします」のスタンスでいる（YOSHIDA'S METHOD ⑫）

３つ目も、支援者としての著者の「個人的な」覚悟がにじみ出ているように思われるかもしれません。しかし、これは違います。あくまでも「主役はクライエントである」ということを再確認することが重要であると伝えたいと思います。

時々、「私が頑張って支援するから、あなたも頑張ってください」というスタンスでクライエントに向き合う支援者をみかけます。もちろん、ひとつの支援のあり方かもしれませんが、そのスタンスは２つの危険性をはらんでいるといえます。

ひとつは、クライエントが自分の課題と向き合わず、「支援者が何とかしてくれる」と他力本願になる可能性があることです。こうなると、相談は深まりません。「あなたがよい解決策を考えてくれるんですよね」と支援者任せになります。クライエントと支援者の関係性まで危うくなります。

もうひとつは、支援者本位の相談となり、本人が置き去りにされがちになることです。「○○さんのためにこうしてあげたい」がいつの間にか「私だったら、こう支援されるとうれしいな」という思いに代わり、「○○さんだったら」という視点を欠いた支援につながりかねません。

「目の前にいるその人の力になりたい」「役に立ちたい」と願ってやまないからこそ、本人に寄り添い、本人の気持ちや考えを理解し、それを示すことで、クライエントと互いに信頼し合い、物事が前に進むことも大いにあると思います。その取り組みにはいつも頭が下がります。しかし、ここではあえて、あくまでも、「自分は支援者であること」「クライエントではないこと」「主体は常にクライエントであること」を忘れないでほしいと伝えたいと思います。
「あなたが頑張るなら、私はお手伝いします」
そのスタンスを貫くことで、第三者としての、プロの支援者としての冷静さを忘れることなく相談を進め、また、深めることができると思います。

4） 五感を使うワークを取り入れてみる（YOSHIDA'S METHOD ⑬）

４つ目は、面談をはじめる前に、五感を使うワークを取り入れてみることです。
皆さんは、普段の生活で、特別な準備をしなくてもはじめられることはありますか。著者の場合は趣味の「手芸」です。マニュアルを読まなくても、頭の中で「こんな花のリースをつくりたいなぁ」と思い描くことができれば、全く準備をしなくてもつくりはじめることができます。皆さんにとってはどうでしょうか。それは料理かもしれませんし、車の運転かもしれません。
それは、次の３つの状態にあるときにあてはまるのではないでしょうか。①（その作業に）とても自信があること、②（その作業に）慣れていること、③自身のこころやからだの状態、そして環境が整っていること。「手芸」は、①に当てはまるとは思いませんが、②と③には当てはまるように思います。自宅のリビングのテーブルには、すぐに手芸ができるように道具一式が揃えて入れてあるケースが置いてあります。考え事をするときは、手芸をするというルーティーンになっています。習慣化されていて、気持ちもからだも平常モード、かつ、目の前に道具一式が揃っているとき、準備をしなくても、手が自然に動きはじめます。
しかし、相談援助はそういうわけにはいきません。相談援助のスキルについて、①自信の有無は個人差があると思いますが、相談をはじめたころは、クライエントとの関係は、②慣れた関係ではないでしょうし、また、互いに多少なりとも緊張していて、③こころやからだの状態、環境が整っているとはいえません。

例えば、大会にのぞむ陸上選手はその当日、いきなり全力疾走はしないはずです。ストレッチや軽いランニングをして、徐々に身体を温め、筋肉をほぐします。つまり、ウォーミングアップをして状態を整えるということです。

一方、アナウンサーは、本番前には、呼吸を整えたり、発声練習やリハーサルをしたりして、やはりウォーミングアップをします。

ここで大切なことは、陸上選手のウォーミングアップは発声練習ではなく、また、アナウンサーのウォーミングアップはストレッチや軽いランニングではないということです。

ウォーミングアップというものは、本来の力をより効果的に発揮するために、内容を厳選して行われるべきなのです。相談援助でも同じことがいえます。その日の天気や来所方法などの雑談などではなく、心身の状態、そして環境を整えて相談にのぞむことができる、厳選されたウォーミングアップができれば、相談をより効果的に行うことができるようになります。

では、なぜ、面談の前に、ウォーミングアップとして五感を使うワークを取り入れるのでしょうか。

クライエントによっては、疾患特有の症状や薬の副作用により、自分の周りで起こっている出来事を適切に認識することが難しくなっている（認知の歪みがある）場合もあるからです。少し詳しく説明します。

外界の情報は感覚・知覚系を通して前頭葉で処理され、行動が選択されて実行に移されます。このような「受信―処理―送信」の流れが停滞しているために、感情が平板化する（喜怒哀楽などの感情そのものの表現が乏しくなる）、または言葉や身振り手振りによる表現、つまり、コミュニケーションが難しくなるという状態がしばしば認められます。

また、クライエントのなかには、それまでの「育ってきた環境」が原因で言葉や感情の自発的な表出が困難になる場合もあります。すると「他者による言葉の代理行為」が生まれます（自分のことを決められる状況や環境ではなかった時期が長くなると、家族をはじめとする支援者によってクライエントの行為が決定されるようになってしまうことを指す)。また、経験やそれを経験する機会・きっかけが不足し、他者の感情の読み取りが難しくなるケースもあります。その結果、言葉の数がさらに少なくなって、無表情のまま過ごしても問題がない場面・場合が増え、いっそうその場面にふさわしい表情をする機会を失っていくことにつながります。

これらを改善するために、外界の情報を「受信」する五感(視覚、聴覚、触覚、味覚、嗅覚)を使うワークを取り入れてみたところ、ウォーミングアップとしても、アセスメントとしても有効であることがわかりました。五感を刺激するウォーミングアップ(44ページ)を通じて、面談に集中できるようになるといった効果がみられます。

5) グループワークを活用する(YOSHIDA'S METHOD ⑭)

マンツーマンで面談をしていたときは、聞く耳を全くもたなかったクライエントが、同じ施設のメンバーの話には熱心に耳を傾けることがあります。これは、相談援助ではよくみかける場面ではないでしょうか。

支援者:生活リズムを整えることが先決です。
クライエント:やっているでしょ。これ以上は勘弁してよ。

このようなやり取りは、よくみかける1シーンかもしれません。一方で、クライエントと同じ施設にいるメンバーとのやり取りは次のように流れるのを経験したことはないでしょうか。

メンバー:私は生活リズムを整えたら、身体も心も楽になってきましたよ。
クライエント:へぇ。どんなことからはじめたんですか。

相談が膠着状態にあるとき、グループの力を借りることもひとつの方法です。SST(Social Skills Training)でも構いませんし、グループワークでも結構です。そんな小集団での取り組みを用意していない、運営できる人がいないという場合もあると思います。難しく考えずに、例えば、テーマを「生活リズム」とあらかじめ決めておき、数人のメンバーに同時に声をかけて集まってもらって、フリートーク（もちろん支援者も同席のうえで）のできる場を設けるだけでもよいでしょう。そこで語られることが課題に対して新たな道筋を示すことになるかもしれませんし、小集団場面におけるコミュニケーション能力をアセスメントする機会にもなるかもしれません。

膝を突き合わせて考え抜く相談も大切ですが、ほかのスタッフ、ほかのメンバーの力を借りることも相談を深めるためのスキルのひとつとして覚えておいてください[★1]。

6） 社会資源を活用する（YOSHIDA'S METHOD ⑮）

「② 提案するときは相手の目をしっかりみる」で、社会資源が存在しないなら、「自分自身が社会資源になる」覚悟について述べましたが、人間には限界があります。人間には等しく、ひとつの身体、1日24時間が与えられています。はたからはパワフルにみえたとしても、すべてのクライエントの社会資源になることは不可能です。

そこで、数多くの関係機関と連携することが必要です。例えば、病院やクリニックといった医療機関、訪問看護ステーション、障害福祉サービス事業所、公共職業安定所（ハローワーク）などがあります。クライエントのために自分の機関の強みを活かすとともに、自分の機関の不得意なサービスを把握し、関係機関と連携することは、相談を深めることにつながります。

また、社会資源とは単に機関だけをいうのではありません。さまざまな法律に基づく制度やサービスのほか、家族、友人、ボランティアなどの人的な資源も含みます。

★1……SST（Social Skills Training）やグループワークの進め方について詳しく知りたい場合は、『わかりやすい 発達障がい・知的障がいのSST実践マニュアル』（瀧本優子・吉田悦規編、中央法規出版、2011年）もあわせてご覧ください。

表　社会資源の例

制度・サービス	・医療保険制度 ・介護保険制度 ・障害者総合支援法に基づく障害者福祉制度	・成年後見制度 ・生活保護制度 ・生活困窮者自立支援制度 ・国民年金・厚生年金
サービス機関等	・保健所 ・精神科デイ・ケア ・精神科デイ・ナイト・ケア ・精神保健福祉センター ・市町村保健センター ・福祉事務所 ・生活困窮者自立相談支援機関 ・障害福祉サービス事業所・施設	・介護保険サービス事業所・施設 ・公共職業安定所（ハローワーク） ・地域障害者職業センター ・障害者就業・生活支援センター ・発達障害者支援センター ・難病相談支援センター ・日本司法支援センター（法テラス）
人的な資源	・家族 ・友人 ・ボランティア	・民生委員 ・さまざまな専門職

7）　支援者自身のスーパーバイザーをみつける（YOSHIDA'S METHOD ⑯）

Chapter Ⅲの最後にあげる７つ目のポイントはぜひ実践してほしい取り組みです。これによって、相談をさらに深められると思います。

クライエントを取り巻く環境やクライエントの抱える課題は一様ではありません。これまでよりさらに多様で複雑になっています。いくら最善で最良の支援を検討していても、うまくいかないことがあります。支援に携わっていると、目の前のクライエントには、かかわった分だけ変化してほしいと、つい期待してしまいます。しかし、クライエントは、さまざまな事情を抱えており、すぐに変わるわけではありません。むしろ、目立つ変化のない場合のほうがほとんどです。

そのため、支援者は、自身の支援のありように、悩みや不安、葛藤を抱えることになります。悩みや不安、葛藤のない支援はないともいえます。それだけに、自身の支援の振り返りは、きわめて大切になります。スーパービジョンは、自身の支援をふり返る重要な方法のひとつです。スーパービジョンの目的は、スーパービジョンを受ける側（スーパーバイジー）の支援を振り返り、その経験ではできないことや十分ではなかったかかわりについて指摘を受け、助言や示唆を得ることです。いわば、スーパーバイザーは、スーパーバイジーの伴走者です。

自身の支援の振り返りは、ときに大きな痛み、苦しみを伴います。しかし、その過程は自身の成長に必要なものでもあります。ただ、漫然と経験を積むのではなく、困難や課題が生まれたとき、ピンチをチャンスに変えられるようにしたいものです。支援者が自身の相談スタイル、コミュニケーション能力の特徴、傾向を知り、また、自分の施設が提供したサービスについてアセスメントし、改善策がわかれば、支援力をアップすることが期待できます。

スーパービジョンを受ける機会が十分にあるとは決していえませんが、職場の同僚と支援を振り返る機会があれば、それはピア・スーパービジョンになります。研修会に参加すれば、講師からスーパーバイズを受けることもできます。また、研修会の参加者同士、つまり、同じ立場にある支援者同士で連絡を取り合い、意見交換するといった取り組みもできます。

ケースカンファレンスといった形式をとらなくても、スタッフルームで、かかわりや支援について相談し合う場が絶対に必要だと考えています。皆さんの職場はそんな職場になっているでしょうか。気軽に、自身のかかわりやその支援について相談できる、そんな雰囲気のある職場ではない場合、まずは自分自身から変えていきましょう。

なお、外部にスーパーバイザーを求める場合、研修会などで知り合った支援者や、地域の職能団体を通じて、自分にあった「この人!!」というスーパーバイザーをみつけ、スーパービジョンを受ける機会をつくってください。

なお、私たちの支援は「種まき」です。まいたその種は数週間、数か月、数年の時を経て、芽を出し、花を咲かせる時を迎えます。あせらず、ゆっくり待ってみましょう。

「今」答えが出ないのは、その人にとって、そのタイミングではないというだけです。それが意味のあることだと知っておきましょう。また、家族もクライエントが変わらないと考えてしまうこともあるかもしれませんが、クライエントが変われば、家族が変わることも知っておきましょう。

クライエントと同様、支援者にも、すてきなご褒美を用意しておくことも大切です。スーパーバイザーや上司・同僚・家族・友人にほめてもらう機会もあるといいですね。

Chapter Ⅳ

クライエントと対等な関係を築くために

クライエントには、相談に至るまでにたくさんの苦悩があったはずです。「なんで自分だけ？」「こんな思いをするなんて、世の中不公平だ！」「もういっそ死んだほうがいいんじゃないか……」など。そんな思いを胸に秘めながら相談にくるクライエントに、支援者である著者は、全身全霊でその人のサポーターになる覚悟で相談にのぞんでいます。

クライエントに限らず、私たちの育ってきた家庭的な背景は一人ひとり異なります。

さらに、住んでいた地域、近所付き合い、交友関係、学歴、職歴、性格や特性まで含めると、誰一人として同じ境遇の人はいません。誰だって、どんな人だって、かけがえのない一人の人間です。だからこそ、相談を通じた、支援者とクライエントという立場であっても、対等に接することを心がけています。

それでも相談しているときは立場上、「苦悩するクライエント」と「相談を聞く支援者」という関係になってしまいます。そのため、相談場面において、私たち支援者は、常にクラエントに配慮しながら、話を聞く必要があります。ここでは、クライエントと対等な関係を築くための方法を紹介します。

1）クライエントに配慮して話す（YOSHIDA'S METHOD ⑰）

クライエントと対等な関係を築くために必要なことは「クライエントに配慮して話す」です。具体的には、次の５つのポイントにまとめることができます。

① 肯定的な表現、用語を使う

特に初回相談において、現実検討が難しい、あるいは、現実と一定の距離を置かざるを得ないクライエントと出会うケースがあります。

例えば、大学の中退後に統合失調症を患い、15年以上闘病して心身ともに疲れ切った入院中のAさん（30代、男性）が「東京に行って俳優になるんだ」と希望を話してくれたことがあります。親しい友人がいるなら、Aさんはその友人から、どんな言葉を投げかけられるでしょうか。

「いやいや、何言っとん？」「そんなん、今から無理に決まっとるやろ」「その前にまず治してからもの言えよ」などと即座に言い返されてしまうかもしれません。看病を続けている家族なら、いっそうきつい言葉を返してくるかもしれません。これらはすべて、彼の思いや考えを否定する言葉です。彼はそんな言葉を聞くと、思いや考えだけではなく、自分そのものを否定されたように感じてしまうのではないでしょうか。

だから、そんな彼に著者は「退院して外の生活をしてみませんか。また、年齢にあった社会人として生きてみませんか。場合によっては、障害者雇用枠を選択肢のひとつに入れて働いてみませんか。もし、あなたが変わりたいのなら、私はお手伝いします」と伝えました。彼は、一瞬ポカーンとしましたが、その後、はっきりした声で、「変わってみたい！でも、変われるかな？」と答えました。たとえ妄想的であっても、彼の希望を糸口にしたいと著者は考えました。そのため、彼の言葉を否定せず、肯定的で現実的な選択肢を提示しました。

ついつい、支援者の多くは問題点ばかりに着目し、「治療を終えてから就労に向けたトレーニングを開始しましょう」と答えがちです。しかし、例えば、誰かと話をしているとき、「それは無理」「よく聞いたら、あなたのほうが悪いわね」などと、相手に否定されると会話を続けたくなくなりますよね。それと同じです。できるだけクライエントの、よいところ探しからはじめ、問題点はあくまでも特徴として捉えるようにします。

なお、「二重否定」は、否定を意味する言葉を重ねて、強い肯定、または肯定することを遠回しに伝える表現です。「知らない人はいない」

は「すべての人が知っている」と伝えたいのでしょうし、「参加しないわけではない」は、遠回しに「参加する意思がある」といっています。二重否定は、クライエントによっては、大変わかりづらい表現のようです。使用は避けるほうが望ましいといえます。

② アイメッセージを使う

Aさんの話を続けましょう。彼は退院に向けてトレーニング（個別相談、グループワークとしてのSST、作業療法）を開始しましたが、頻繁にゲームセンターに逃げ込みました。あなたならどうしますか……？ Aさんの行為を否定することは簡単です。ただ、「やっぱり、（退院は）難しいですね」と本人に投げかけたら、彼はどう思うでしょうか。「自分は頑張っても、どうせダメな人間なんだ」と思うでしょう。それでは、対等な関係は築けません。何より、支援は滞るでしょう。

そのため、私を含めた当時の支援チームのメンバーは、「本人の理由に耳を傾けよう」「休んでしまったけど、こうして戻ってきたこと、支援者に話せたことを認めよう」「それでも、いけないものはいけないとわかりやすく伝えよう」を、その対応の方針としました。3つ目の「いけないものはいけない」については、その内容（何がいけないのか、なぜいけないのか）を、具体的にわかりやすく伝えることが大切です。ただ、単なる「叱責」ではなく、「何がいけないのか、なぜいけないのか」を具体的に伝えるのは難しいと思われるかもしれません。「ゲームセンターに逃げてしまうところがあなたの悪いところなのよ！ そんなんじゃ退院できないわよ！」と伝えると、ただの叱責です。それも場合によっては必要かもしれませんが、叱咤激励すれば、クライエントの生きづらさは減らせるのでしょうか。きっと、生きづらさを解消することにはなりません。

そこで、「I（アイ）メッセージ」で伝えてみてはどうでしょうか。こちらのメッセージを相手に伝える際、「私」を主語にするのです。ちなみに「あなたの悪いところなのよ」は「YOU（ユー）メッセージ」です。

「(私は) あなたに退院に向けて毎日通えるようになってほしいのです」

そう伝えると、クライエントは支援者の言葉を受け止めやすくなります。ネガティブな言葉がポジティブなものに言い換えられ、投げかけられることで、クライエントは「自分は認められている」と実感できるかもしれません。このような配慮によって、クライエントとの対等な関係、さらに信頼関係が築いていけるのではないでしょうか。

③ 言葉の意味を理解できていない可能性を心に留めておく

これは、「Chapter II アセスメントの重要性と具体的な方法」で述べたYOSHIDA'S METHODの⑨「コミュニケーションにおけるルールや考え方を知っているかどうか、実際に使えるかどうかアセスメントする」と内容的にやや重複します。繰り返しになりますが、私たちは一人ひとり、それまで生活を送ってきた環境が異なります。支援者側が、相手も当然、「知っているであろう (と考える)」言葉も、相手によっては「初耳」という場合も大いにあるのです。正しく理解することができず、「強い抵抗感を示す」場合もあります。

例えば、「障害者手帳」(精神障害者保健福祉手帳) という言葉です。障害者手帳を取得していないクライエントや家族に、手帳を取得した場合のメリットについて説明をすると、「私のことを障害者と決めつけるのですか!」「町を歩くだけで後ろ指を指されてしまうでしょ!」「近所のみんなにも知らされるのだろう」「どうせアンタは障害者の烙印を押したいだけなんだろ?!」などと、メリットよりデメリットのほうがクライエントや家族の頭の中を支配してしまい、強い攻撃性を伴う心配、不安に襲われることがあります。

そのように心配や不安に支配されてしまうであろうクライエントや家族には、はじめから丁寧な説明を心がけます。「障害者手帳の有無は個人情報として保護されます」「障害者手帳を首からぶら下げて歩くわけではないから、町で後ろ指を指されることはありませんよ」「もちろん、直接伝えない限り、近所の人が知ることもありません」「手帳があることで、医療費が軽減されたり、利用できるサービスが格段に広がったりしますよ」「もし、あなたに必要がなかったら、２年後に更新しなければよいのです」といった、これらの言葉だけで抵抗感が一切なくなるわけではありません。しかし、支援者が面談にのぞむとき、（相手も）「知っているだろう」と考えるよりも、「もしかしたら、知らないかもしれない」と思っているほうが、本人と同じ目線で考えようとする態度、本人と同じステージに立ち一緒に寄り添おうとする姿勢、心構えができるのではないでしょうか。

その人が、支援者の使う言葉の意味や背景を理解できていないという可能性を常に心にとめておきましょう。そうでないと、支援者の意図とは異なるところで、相談が暗礁に乗り上げたり、路頭に迷ったりすることがあります。本人の安心感を増すためにも、本人が理解しやすい言葉で、また、「もしかしたら知らないかもしれない」というスタンスで面談にのぞみ、重要なキーワードは丁寧に説明することが大切です。

④　あらかじめ伝えておく（安心感を与える）

Ａさんの話に戻します。彼は一人息子で裕福な生活を送っていました。父親は一代で会社を築き上げた苦労人で、かつ、厳格な人でした。母親は良家の育ちで、おっとりした性格です。彼のことは、年齢を重ねても「目に入れても痛くない」と思えるほど、過保護な関係を続けていました。彼は障害者雇用枠での社会参加に挑戦するため、紆余曲折があったものの、トレーニングを続けました。その結果、生き生きした表情を取り戻し、自身の病気を理解して服薬を管理できるようになりました。また、薬を減らし、身の回りのことは自分でできるようになりました。

しかし、さらに前進するには、本人にとって怖い父親という壁が立ちはだかっていました。彼は思い切って、著者に両親と相談したいという希望を伝えてきました。初回の面談から３か月が経ち、両親を交えた面談が実現しました。

著者はこれまでの入院歴、カルテに記載されている治療経過、彼の話から、そのときの両親との面談だけですべてがうまくいくとは思っていませんでした。おそらく、納得が得られずに面談が終わるだろうと予測していました。そのため、彼には両親との面談の前に、次のように「あらかじめ伝えて」おきました。

- ご両親はこれまでの長い入院歴から社会参加できないと、きっと決めつけてきます。
- 障害者手帳の取得をすすめたら必ず反発するでしょう。
- だから、ご両親に次のように伝えます。

「では、３か月後（初回面談から半年後）、彼がよりよい方向に変わっていると感じることができたら、改めて私の提案について前向きに考えてみてください」

彼は悩みながらも大きく頷いてくれました。父親に対する怖さを抱えながらも、ようやく著者とともに父親と向き合おうとしました。彼は将来の見通しが立たず、きっと心配や不安、緊張でいっぱいだったと思います。また、同時に、支援者がいることで一気に好転するかもしれないと、わずかな期待も抱いていたことでしょう。

それらの気持ちをふまえたうえで、正しく現状を把握し、それ以降の見通しをあらかじめ伝えておくことで、彼が安心して両親との面談にのぞむことができたのではないかと思います。

⑤　視覚的手がかりを活用する

面談では、言葉だけのやり取りになりがちです。発した言葉は残りません。空気に消えていきます。そのため、面談ではメモ用紙を用意したうえで、クライエントとの間に置き、面談中にキーワードを本人に書き留めるように促しています。そのキーワードを矢印で結んだり、丸印や順番をつけて強調したりします。そうすれば、「今の話題はなんだっけ？」「どこまで話したっけ？」などと思考が混乱したクライエントを、元の話題に戻すきっかけになります。

また、例えば、面談のテーマが「退院後の生活」であれば、「退院までの手続き」「精神障害者保健福祉手帳の内容と取得までの手続き」「障害年金を受給するまでの手続き」「受けられるサービス」について紹介されたパンフレットなどを事前に準備しておくと、クライエントの理解につながりやすくなります。このほか、退院後の居場所について、事前に本人と一緒に見学し、実際に目で見て選ぶ機会を設けることができれば、まさに、「百聞は一見に如かず」で、さらに本人の理解が深まります。

さて、A さんの話に再び戻ります。両親との面談では、著者が当時の現状を説明したうえで、それ以降の見通しについて提案すると、父親は「これまで十数年入院していても、全くよくならなかった。本当に退院、ましてや社会参加なんてできるのか！　あんたなんか信用できない！」「息子を障害者扱いしないでほしい」と言いました。不信感や反発心をはっきりと表していました。母親は「この子はいい子なんで、コンビニぐらいなら、今からでも働けます」と泣きながら訴えました。

その後、彼のトレーニングは一進一退を繰り返しながら、少しずつ効果を上げていきました。そのため、改めて両親とともに、次は主治医を交えて面談することになりました。それまでの治療経過と比較して戸惑いが大きく、受け入れがたい事実もあり、父親の病院に対する批判が厳しくなりました。母親の過保護の度合いはますますエスカレートしていきました。

そこで、問題点を明らかにし、その解決策とその長所・短所などについて家族とともに検討を重ねていきました。

話し合いを重ねた結果、父親は自ら「本人のよい変化をみつける」「問題が残っていても見守る」、母親も自ら「本人が主治医やスタッフと決めたことを尊重する」「必要以上に支援をしない」ことを選ぶことになりました。

それ以降、積み重ねてきた彼の努力が実を結び、援助つきアパートへの入居、精神障害者保健福祉手帳の取得、障害年金の申請、ハローワークでの求職登録へと進めていくことができました。

続きはありますが、いったんAさんの話は終わりにします。クライエントに配慮して話をすることで、対等な関係、信頼し合える関係づくりができます。結果として、早期の解決が実現できると信じています。

クライエントに配慮して話せばすべてがうまくいくわけではありません。アセスメントの重要性を認識し、将来的な見立てをし、段階をふまえて進めていくことが近道だと考えています。

Chapter V

五感を刺激するウォーミングアップ

面談をはじめる前のウォーミングアップに使える、五感を使ったワークを紹介します。

幻聴のあるクライエントや、発達障害があって視覚優位（視覚を通じた情報の処理が得意なタイプ）のクライエントは、面談に集中することが難しい場合があります。五感を使うことで、前頭葉が刺激され、集中力が高まります。

1. 視覚を刺激するウォーミングアップ

色の異なる軍手、手芸用の綿などで作成したグー・チョキ・パーのサイン（図）をみてじゃんけんをします。

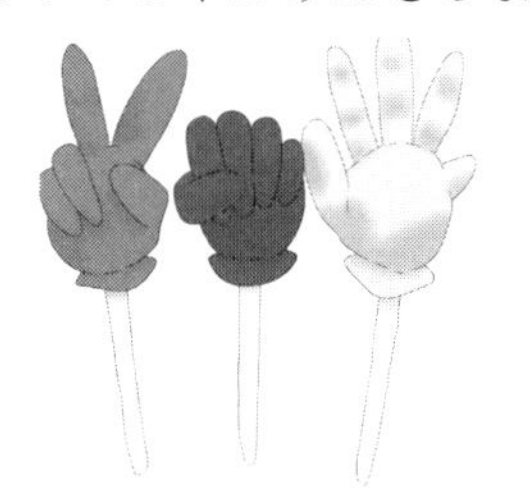

目 的	注意焦点づけ 集中力アップ 声出し
効 果	色に惑わされることなく、形だけに集中します。常にサインをみて判断するため、注意・集中力をアップさせます。
応 用	リーダーとコリーダーの２グループで行う、色を言う、負けるほうを出すなど、方法を工夫することで効果が期待できます。ウォーミングアップの後、「頭がスッキリした」という意見が出ることがあります。

2. 聴覚を刺激するウォーミングアップ

よく知られた歌や、季節の歌を全員で最初から最後まで歌います。その後、リーダーが指名したメンバーが、1節ごとに歌います（グループワークでの使用をすすめます）。

目　的	注意・集中 自分に関係する内容を理解し、対処することができるようになる
効　果	歌に集中することで、幻聴が聞こえなくなった人もいます。

3. 嗅覚を刺激するウォーミングアップ

香りの出るおもちゃなどを手で揉むなどして香りを楽しみます。みかんなどのかんきつ類の皮をむいて香りを嗅ぎます（一人でもグループワークでも使用できます）。

目　的	記憶の想起
効　果	匂いによる回想法的効果が期待できます。匂いは人の記憶に深く結びついている場合があります。

4. 味覚を刺激するウォーミングアップ

希望者がいれば、皮をむいたみかんなどのかんきつ類を食べます（グループワークでの使用をすすめます）。

目　的	記憶の想起
効　果	味による回想法的効果が期待できます。過去に経験した情景や季節感の回帰が得られます。

5. 触覚を刺激するウォーミングアップ

肌触りのよいやわらかいおもちゃ、紙風船、ゴム風船などをさわったり、つまんだり、揉んだりしてその触感を楽しみます。紙風船はつぶさないように遊びます。

また紙を、できるだけちぎれないように力を加減して細長く裂きます(一人でもグループワークでも使用できます)。

目　的	素材の触覚による入力の違いの確認 怒りのコントロール うつに対する自信づけ
効　果	触感を頼りにする、力加減の調整が身につき、感覚－運動のコントロールを再確認できます。 うつになると、破くという行為すら恐怖を覚えます。うまくできなくても、さほど大したことではないという認識が得られます。
応　用	ゴムの風船を膨らませると、顔の表情筋のトレーニング(発語前のトレーニング)になります。

6. 感覚と運動・呼吸

クライエントは、不安や緊張から呼吸が浅くなっていることがあります。

「五感」は、感覚だけのはたらきではなく、常に運動と連動しています。例えば、話をするときは、相手を認識しながら声の大きさや調子を、運動として適切にコントロールしています。五感を刺激するウォーミングアップを通じて、身体を動かすことによって、不安や緊張を解くことができます。

ここでは、呼吸を補助する筋のストレッチと、歩行しながら目標設定をする方法を紹介します。

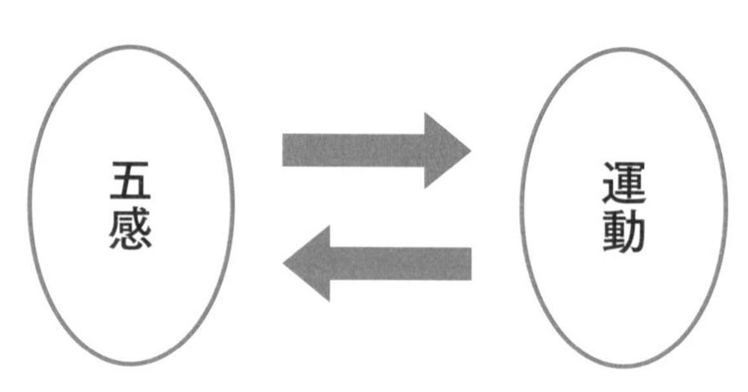

1） 呼吸補助筋のストレッチ（胸鎖乳突筋のストレッチ）

胸鎖乳突筋は、胸骨と鎖骨を起始として耳の後ろについている筋です。そのため、頸部が前屈していると筋は伸びません。後頭部を壁に沿わせることで効果的に伸ばすことができます。

胸骨と鎖骨が連結している部分(左右胸鎖関節)に両手を重ねて置いて、下に押すようにストレッチを行います。胸郭の可動性がよくなり深呼吸を促します。後頭部を壁に沿わすなどをして頸部を伸ばして（伸展して）行うと効果的です。

2） 腹式呼吸を促す方法（壁を使う方法）

呼吸には、胸郭を主として動かす胸式呼吸と、横隔膜を主として動かす腹式呼吸があります。

緊張により、胸郭や腹部の筋を効果的に使用できず、浅い呼吸になってしまっている場合があります。壁を押すように両手をつき、からだを支えリラックスしながら下を向いた腹部を出したり引っ込めたりします。なお、過度に強く壁を押していると逆に腹部の筋が緊張するので注意が必要です。

3） 歩きながらの目標設定

廊下などのある程度広い場所に、目標物（人）を設定し、例えば、3か月後、6か月後というような名前をつけます。クライエントと一緒に目標に向かって歩きながら、3か月後、6か月後にできそうな目標を考えます。

座ったままで考えるよりも具体的なイメージをつかみやすい場合があり、クライエントと支援者が同じ方向を向いて歩調を合わせることで、クライエントと支援者による、共同作業となります。

Chapter Ⅵ

相談援助をより深めるために

——SSTを学ぶ——

ここでは、これまでに紹介した相談技術の基礎となっているSST（Social Skills Training）について簡単に紹介します。

1. 相談援助とSST

1） SSTとは

SSTは、「社会生活技能訓練」や「生活技能訓練」と呼ばれ、対人関係を中心とする社会生活技能（Social Skills）を高める方法です。認知行動療法のひとつとして位置づけられます。診療報酬では、「入院生活技能訓練療法」として位置づけられ、一定の治療計画に基づき、「観察学習、ロールプレイ等の手法により、服薬習慣、再発徴候への対処技能、着衣や金銭管理等の基本生活技能、対人関係保持能力及び作業能力等の獲得をもたらすことにより、病状の改善と社会生活機能の回復を図る治療法」とされています。入院生活技能訓練療法は医師の指示に基づき行われます。

これまでは精神科病院で主に実施されてきましたが、現在では、教育、就労支援関連、司法矯正、職場のメンタルヘルス（産業領域）などの領域で、生活のしづらさや対人コミュニケーションに困難を抱えている人に対し、自己対処能力を高める（エンパワメントする）、自立生活支援の技法として実施されています。

2） 相談援助とSST

「Chapter Ⅱ　アセスメントの重要性と具体的な方法」で伝えたとおり、SSTは、情報伝達におけるコミュニケーションに必要な技能を、大まかに「受信技能」「処理技能」「送信技能」に分けて考えます。コミュニケー

登録番号：＿＿＿＿＿＿＿＿＿＿

氏　　名：＿＿＿＿＿＿＿＿＿＿様

生年月日：　　　　年　　月　　日

病 棟 名：＿＿＿＿＿＿＿＿

SST 処方箋

主治医	
病名	
入院形態	
医療保護・任意・措置・	

現 在 主 症 状	
□幻覚　□妄想 □思考障害　□躁状態 □抑うつ気分　□多弁・多動 □希死念慮　□その他 □寡黙	感情の鈍麻　（ ＋・±・－ ） 情緒不安定　（ ＋・±・－ ） コミュニケーション能力　（無・努力を要す・有） 治療意欲（服薬の理解）　（無・説得を要す・有）
入院年月日　　　年　　月　　日	
今後の入院予定期間　約　ヶ月　・　長期　・　未定	
将来の方向　就労　・　家庭復帰　・　院内適応　・　その他（　　）	
退院先　自宅（単身・同居）　・　親族宅　・　施設　・　その他（　　）	
生活技能訓練のメニュー選択（重複可） □　基本的会話（他者の話に耳を傾ける・挨拶・雑談） □　自己主張（自分について話をする・依頼・断る・質問する） □　身だしなみ習慣（歯磨き・洗顔・髭剃り・化粧・服装など） □　規則正しい食事（食べる速度・マナー・清潔） □　日常生活の自立に役立つ事（電話をかける・バスに乗る・買い物） □　対人関係の円滑化（家族関係・友人関係・同室者との関係）	
注意事項	
備考	

ションに必要な技能を、3つに分けて考えることで、クライエントが、コミュニケーション過程のどこに課題を抱えているのかアセスメントできるようになります。

ここからは、うつ病を抱え、治療を重ねても、なかなか改善のみられないクライエント（Bさん）とのエピソードを紹介します。

Bさんは、「実は、処方された睡眠薬を飲んでも眠れないので、アルコールを飲んでいるんです」と面談の最中、話をしてくれました。「そのこと（睡眠薬を飲んでも眠れないこと）を主治医の先生に伝えていますか」と尋ねると、「いいえ」という返事です。「眠れていないことを主治医になぜ言えないのですか？」と重ねて聞くと、「せっかく先生に出していただいた薬が効いていないなんて言えない」と言います。

処方した薬が適切に効果を示しているかどうかは、医師にとってその後の治療方針を検討するために欠かせない情報ですから、主治医に正しく伝える必要があります。ところが、ここまで病気がよくなったのは主治医のおかげだと信頼しているBさんは、睡眠薬が効かないと伝えるのは、尊敬している主治医を否定してしまうことになるのではと話します。

このやり取りからは、Bさんの「処理技能」が適切に機能していないとアセスメントできるかもしれません。コミュニケーション過程を3つに分けることで、アセスメントの視点を整理することができます。

ここでは、SSTについてもう少し詳しく説明します。相談援助をより深めるために、SSTの考え方や視点などを活かしてください。

2. SSTの目的

SSTの目的は、主に次の3つです。

・その場にふさわしい、言動・行動・表現を身につける。
・相手の考えや感情、行動にうまく対応できるようになる。
・適切な自己主張や上手なかかわり方を練習し、対人関係のストレスや不安を軽減する。

つまり、後述するように、クライエントの希望を中心に置きますが、「自分も○(まる)、相手も○(まる)」を目指します。

3. SSTの基本原則

SSTを実践する際の基本原則は、次の6つにまとめることができます。

① SSTはストレングスモデルである

相手の能力、努力、長所、強みを肯定的に認めることが基盤です。

② SSTは希望志向的アプローチである

クライエントの希望、自己選択、自己決定を尊重しクライエントのリカバリーを助け、エンパワメントする技術です。

③ SSTはクライエントと支援者のパートナーシップが不可欠である

クライエントと支援者の共同作業によって支援を進めます。

④ SSTはアセスメントに基づいている

行動分析に基づく目標設定と具体的なスキルアセスメントによって、クライエントの希望の実現のためのスキルを細分化、階層化して、練習課題を設定します。

⑤ 対人的課題を繰り返し練習し、実生活の場面で使えるようにする

SSTでは、ロールプレイやモデリングによって繰り返して技能を練習し（過剰学習）、学習したスキルが実生活の場面で自然に使えるようにします（般化）。

⑥ SSTはアクションメソッドである

ディスカッションによる方法や心理療法とは異なり、アクションを通して言語的・非言語的コミュニケーションスキルを手続き記憶（身体を使って覚える記憶のこと。例えば、自転車や車の運転、テニスや水泳など）を活用して学習します。

4. SSTのポイント

SSTのポイントは、①希望志向のアセスメント、②ストレングス視点、

図　SSTのクライエントが主役の流れの考え方

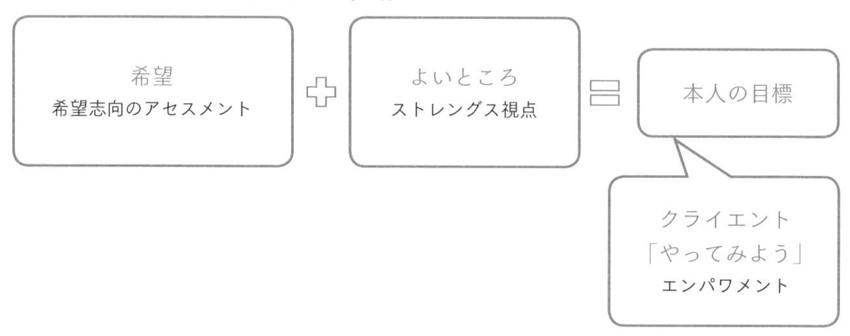

③エンパワメントの3つです。

SSTでは、クライエントの希望を中心に置き、多くの情報を把握しておく必要があります。したがって、聞く能力、聞き出す能力が必要になります（希望志向のアセスメント）。また、クライエントのよいところをみつけて、さらによくなるようにかかわること（ストレングス視点）で、クライエントの自己効力感、自尊感情を高めること（エンパワメント）につながります。

5.「言葉」とその意味

コミュニケーションは、主に「言葉」を通じて行われます（もちろん、身振り、手振り、視線、声のトーン、表情なども大切なコミュニケーションの道具になります）。「言葉」を介して行われるコミュニケーションは、その「言葉」を額面どおりに受け取ると、話し手の意図がうまく伝わらない場合があります。「言葉の意味」と「話し手が伝えたい意図」とに“ずれ”があるのです。例えば、電話口で、「○○さんはいらっしゃいますか」と尋ねる場合、○○さんの存在そのもの（その場に○○さんがいるかどうか）を聞きたいわけではありません。その「言葉」には、「○○さんを電話口に出してほしい」という意図が込められています。これを「言葉」どおりに捉えると、コミュニケーションが成り立ちません。

コミュニケーションは、発せられた「言葉」や身振り、視線、声のトーンなどを通じて、「言葉」の裏に隠された「意図」を類推することが必要になります。

「言葉」の裏に隠された「意図」を類推することができないと、次のような困難を抱えることが多くなります。

・人とのかかわり方が一方的になる
・会話の進め方がちぐはぐになる
・言葉を伝達的に使えない
・誤解が生じる
・場面を無視する
・話し手—聞き手関係が混乱する
・話題を確立したり、相手が何について話題にしているのか理解したりできない
・話題が限定され、ステレオタイプになる

特に、発達障害のある人の場合、「言葉」の裏にある意図を読み取ることが難しく、「暗黙の了解」といったものや、抽象的であったり、曖昧であったりする指示や表現を理解することが困難な場合が多くあります。つまり、会話（受信と送信）に“ずれ”が生じてしまうのです。

このような場合、どのような“ずれ”が生まれているのか、そのポイントを把握し、普段のやり取りを通じて、会話にどのような「言葉」が加えられれば、その意味が通じやすくなるのかをみつけます。また、クライエントの読み取り能力、言葉の意味を理解する際の“くせ”を把握しておくことが大切になります。

表 “ずれ”を生まないための例

○○さんはいらっしゃいますか?	→	○○さんはいらっしゃいますか。電話を代わってください。

また、支援者には次のような配慮が求められます。

表　支援者に求められる配慮

①　（クライエントが）言葉の意味を理解できていない可能性を心に留めておく
②　（クライエントが）言葉の意味を類推して理解しなければならないような説明や指示を避ける
③　「これ」「あれ」「それ」といった指示代名詞の使用はできるだけ避ける
④　具体的な表現を用いた文章、主語や目的語を省略しない文章で話すようにする
⑤　肯定的な表現を用いる、「できないことはない」といった二重否定は厳禁
⑥　視覚的手がかりを活用する
⑦　前もって予定や見通しを伝えておく（安心感を与える）

6. メタ認知

「メタ認知」とは、「自分が行っている知覚・思考・記憶などの認知活動を客観化して、1段上からそれらを把握する能力を指す高次の認知機能」[★1]とされています。自分の行動や考え方、性格などを別の立場からみて認識する活動といえます。具体的には次のような能力を指します。

・「知っていること」と「知らないこと」を知る力
・自分と周囲との関係を察する力
・どれが必要（大切）でどれが不必要（大切でない）か知る力
・自分の意図と他者の意図の“ずれ”を知る力
・TPO（時間、場所、場合）にあった言葉を使い分ける力

「メタ認知」がうまく機能しないと、自らを客観視することができず、周囲との関係がぎくしゃくしがちになります。

支援者は、クライエントがどのような「メタ認知」の傾向をもっているのか、それによってどのような困難を抱えることになりがちなのか把握することが大切になるといえます。

★1……風祭元監、南光進一郎・張賢徳・津川律子・萱間真美編『精神医学・心理学・精神看護学辞典』照林社、2012年、388頁

7. 正のフィードバック（うまくできたところをほめる）

SST の代表的な手順には、「基本訓練モデル」やセッションがより細分化、構造化された「ステップ・バイ・ステップ方式」などがあります。SST の構成要素として、基本訓練モデルには次の 5 つの要素が含まれています。

① モデリング（手本をまねる）
② 行動リハーサル（自分でやってみる）
③ 正のフィードバック（うまくできたところをほめる）
④ 再リハーサル（さらによくなるようにまたやってみる）
⑤ 宿題及び般化のための訓練（普段の生活で自然にできるようにする）

これらはSST の基礎理論にある社会的学習理論の 5 つの原理である、①モデリング、②行動形成、③強化、④過剰学習（反復学習）、⑤般化にあたります。

このうち、「正のフィードバック」は、相談援助においても活用できます。「正のフィードバック」は、「SST のポイント」でも述べた、「クライエントのよいところをみつけて、さらによくなるようにかかわる（ストレングス視点）」にかかわります。

ほめること、承認すること（正のフィードバック）によって、その行動を強化させ、日常生活のさまざまな場面で、自身の学んだスキルをクライエントが応用できる力を定着させます。

表　フィードバックのポイント

・即座にほめる
できたときは間髪入れずにすぐにほめる
・真剣にほめる
敬意をもって一生懸命にほめる
・具体的にほめる
どこが、どのようによかったのか、詳しく伝える
・視線を合わせてほめる
相手をしっかりとみてほめる。視線を合わせることでフィードバックがしっかりと相手に伝わる
・相手の表情の変化を確認する
フィードバックを受け取ったかどうかは表情の変化をみればわかる
・よい意味で期待の水準を下げる
過度の期待があると、ほめる言葉が表面的になってしまう

Chapter Ⅶ

YOSHIDA'S METHOD きほんの"き"

相談援助にのぞむ際のポイントを、次の17の「行動」にまとめました。

それぞれの具体的な内容や留意点などは事例の最後に「YOSHIDA'S METHOD」として紹介しています（①〜⑰の後の（　）は事例の番号を示します）。

○クライエントに会う前にしておく3つのアセスメント

① フェイスシートを十分に読み込む（事例❹）

② 関係者に連絡をする

③ 提案できそうな解決策をいくつか用意しておく

○初回の相談で行う3つの質問

④ 「あなたは何がしたいですか」と夢や目標について質問する（事例❶）

⑤ 「（夢や目標に向けて）あなたは何ができますか」と質問する（事例❶）

⑥ 「（夢や目標に向けて）私たち支援者は何ができますか」と質問する（事例❶）

○アセスメントで行う3つのこと

⑦ 生活基盤である医療（衣料）、食事、睡眠、住居、金銭をアセスメントする（事例❸❼❽）

⑧ クライエントの「受信技能」「処理技能」「送信技能」をアセスメントする（事例❸）

・どのように情報を受け止めるのが得意か、意味理解のくせはあるか

・行動・反応の選択肢をいくつもっているか

・実際にどの程度できるか

⑨　コミュニケーションにおけるルールや考え方を知っているかどうか、実際に使えるかどうかアセスメントする（事例❸❹）

・考え方、ルールを知っているか

・対処行動を知っているか

・対処行動を実際に使えるか

○相談を深めるために行う７つのこと

⑩　ふれにくい課題でも正面から理由を聞いてみる（事例❺❻）

⑪　提案するときは相手の目をしっかりみる（事例❺）

⑫　「あなたが頑張るなら、私はお手伝いします」のスタンスでいる（事例❺）

⑬　五感を使うワークを取り入れてみる

⑭　グループワークを活用する（事例❺）

⑮　社会資源を活用する（事例❺❻❼❽）

⑯　支援者自身のスーパーバイザーをみつける

○クライエントと対等な関係を築くために必要なこと

⑰　クライエントに配慮して話す（事例❷❹）

・肯定的な表現、用語を使う

・アイメッセージを使う

・言葉の意味を理解できていない可能性を心に留めておく

・あらかじめ伝えておく（安心感を与える）

・視覚的手がかりを活用する

PART II

事例を読み解く

著者は2003（平成15）年に、看護師としてではなく、いまも勤める精神科単科病院で、最初の2年半は作業療法のアシスタントとして、以降はリハビリテーション部門の職員として働く機会を得ました。その病院は、ほかの精神科病院からの依頼に応じ、その当事者にもプログラムへの参加を認めるという、当時では珍しい取り組みをしていました。

ここに紹介する8つの事例は、その間に重ねたかかわりから紡いだものです。個人が特定されることがないよう、数多くのかかわりからまとめあげました。主治医が出す指示からその意図をくみ取り、情報収集とアセスメントを加え、本人との面談を通じてその希望を確認していくという作業からかかわりがはじまります。やがて、本人の努力のほか、ケアワーカーや看護師、作業療法士などのセラピストとの連携、主治医の協力、院外では福祉サービス事業所、公共職業安定所（ハローワーク）や地域障害者職業センターなどの多くの関係機関との連携が積み重ねられることによって、本人にとって（退院や就職といった）よい変化があらわれてくるようになりました。それらの一端を紹介したいと思います。

事例では、主にアセスメントにかかわる場面を取り上げ、クライエントとの会話とともに、「支援者の思考」として、本人の言葉や表情、姿勢、身振りなどのうち、何に注目し、どのようなことを考えたのか、また、著者自身が考えるかかわりの際のポイントについて紹介しています。

事例❶

本人の希望を否定せず、現実的な相談の切り口をみつける

本事例で使われているYOSHIDA'S METHOD きほんの“き”

④ 「あなたは何がしたいですか」と夢や目標について質問する

⑤ 「(夢や目標に向けて) あなたは何ができますか」と質問する

⑥ 「(夢や目標に向けて) 私たち支援者は何ができますか」と質問する

学びのポイント

事例❶では、本人が自分自身を客観的にみつめることができているかどうか確認するために、本人の「したいこと」「できること」を尋ねています。支援者の質問に対する本人の答えが現実的なものであれば、希望に対する本格的な介入がはじまります。

クライエントの概要

Aさん／30代男性

中学生で統合失調症を発病し、急性期に複数回の入院歴がある。いずれも数日の入院で状態が落ち着きを取り戻し、退院している。最終学歴は高校卒業。これまでに就労歴はない。精神障害者保健福祉手帳取得済。自立支援医療を利用している。

普段は自宅でゲームをして過ごしており、通院歴は15年を超す。現在の症状については、時おり家族や周囲の環境の変化で、被害妄想がみられるものの、幻聴、妄想を自覚しており、聞き流すことができる。

精神科デイ・ナイト・ケア（デイ・ナイト・ケア）への参加や受診は、家族に強くすすめられてはじめた。最近では、仲のよいメンバーができたせいか、農作業やからだを使うプログラムに楽しそうに参加している。

昨年、父親が他界し、母親との二人暮らしになる。仲のよかったデイ・ナイト・ケアのメンバーが障害者雇用枠で就労したため、自分も何か仕事に就けるかもとはじめて自ら相談に来た。

Aさんは面談の後、デイ・ナイト・ケアに週5日、通えるようになるまでに半年以上を必要とした。1年半後に、デイ・ナイト・ケアと就労継続支援B型事業所に通うようになり、2年後には事業所に毎日、通えるまでになった。診察と相談には定期的に訪れ、落ち着いた生活を送っている。

会話（C：クライエント／W：支援者）

C	W
C：①話があるんです。 （声が小さく、下を向き、ボソボソ話しかけてくる）	
	W：②どんなお話でしょうか？
C：③……。 （次の言葉が出ずに、表情も硬い）	
	W：④何か相談があって、来られたんですよね？

支援者の思考	かかわりのポイント
自分から、相談に来るのははじめてのせいか、かなり緊張している様子。	
そういえば、デイ・ナイト・ケアのメンバーの○○さんがAさんに向かって、「スタッフに相談したらいいよ」と話していたな。 まずは、本人が自分の気持ちを話しはじめるのを待ってみよう。	本人の気持ちや言葉を先回りして話すようなことはせず、「待つ」ことが大切。 時間がかかっても、言葉が不足していても、本人から話しはじめる言葉に意味がある。
	なかなか言葉が続かないことから、相談が、本人にとって言い出しにくいものであることが予想できる。
ちょっと緊張が強いのかな。	・「待つこと」が大切である一方、その時間が長すぎると、緊張がきっかけとなって、妄想などの症状があらわれることがある。 「待つ」時間は、おおむね30秒から1分程度を目安とする。本人の状態がよくない場合、30秒程度でも症状がみられるようになることもある。Aさんの場合、デイ・ナイト・ケアでメンバーとの会話が可能であることから、状態は悪いものではないと判断し、1分程度とした。特性やそのときの状況から判断する。 ・会話④では、あえて、具体的な相談理由を、支援者から尋ねていない（例えば、「病気（就職）のことで相談にいらっしゃったのですか?」など）。 支援者が先にテーマを提示してしまうと、それ以降の会話の内容が限定されてしまうおそれがある。会話④では、「希望」を確認したいと考え、このような表現を用いた。 結果的に、会話⑧及び⑩において、本人から「働きたい」という希望を引き出した。

C：⑤うん。
（緊張しているためか、表情は硬いが、いすにしっかり座り、こちらの方を向いて顔をあげている）

C：⑥……。
（こちらの目をしっかり見ながらではあるが、言い出しにくそうにしている）

W：⑦具体的にどんな相談ですか。

C：⑧仕事。

W：⑨仕事？　仕事をどうしたいですか？

C：⑩うーん、友達の〇〇君が就職した。
僕も仕事をしたい。

W：⑪うーん、（一呼吸おく）Aさんがしたいことを考えたことはありますか。
または、（一呼吸おく）できることを考えたことがありますか（「ありますか」はややゆっくりにする）。

不安になると、腕をかきむしったり、プイっと席を離れて立ち去ったりしてしまうこともあるのに、そんなそぶりはない。 症状がみられるときは、質問をしても返事ができないのに、間髪入れずに返事が返ってきた。症状はなさそうだ。 何か本人にとって、真剣な相談だろう。	症状がみられるときと、そうでないときの見極めが大切。それによって、どこまで話を進められるかが決まる。 ここでは、幻覚や妄想があるときの本人の症状である、イライラして落ち着きがなく、腕をかきむしるといった様子がみられないことから、症状がないと判断している。症状があるときとそうでないときの、本人の様子を把握しておく。
Aさんは本気だな。こちらもしっかり受け止めないと。	本人が本気であることが伝わってきたら、こちらも、相手と真剣に対峙していることが伝わるように、しっかりといすに座り、本人の目をみつめる。相手が本気であることがわかったら、こちらも本気であることを姿勢や表情、声で伝える。
唐突のようにも思えるけど……。Aさんがはじめて相談してくれたことを大事にしたい。	常に本人の現状（体力、集中力が十分かどうか）を、デイ・ナイト・ケアなどの様子から事前にアセスメントしておく。そうすることで、支援者自身が心と体の準備ができ、突然の相談にも応じることができる。
自分から話しかけてくることのないAさんが心を開いて希望を伝えてくれた。ここは、Aさんの心を閉ざさないようにしよう。	・会話⑪では、本人が自身を客観視できているかどうか確認するための質問をしている。それが、「したいことか、できることを考えたことがありますか？」という質問になる。この質問に対する答えが、現実的なものなら、本格的に本人の希望に対する介入が始まる。 ・本人を認めることで、本人のやる気や真剣さを確認できる。相手に支援者が真剣であることをしっかり伝えられるよう、

C：⑫うーん、よくわからない。
（照れたように顔を赤らめ、下を見ながら頭をかいている）

W：⑬そうですか。できることや、したいことをみつけるのは大切ですね？

	声を低く（「ドレミファソラシド」の「レ」か「ミ」の高さ）する。最後の「ありますか」はややゆっくりという。会話⑪の場合、笑顔を忘れないなど表情にも注意を払い、「ありますか」が詰問されているように感じ取られないように気をつける。 ・抑揚、声の高低、速さだけでなく、「沈黙」も効果的な方法である。本人の言葉を認めて、受け止めた後、あえて一呼吸（4～5秒程度）おくと、本人、支援者ともに考える時間を確保することができる。 また、気持ちの伝わり方が変わる。わずかな時間、沈黙を挟むことで、相手の心に響きやすくなる。
症状があらわれているときは表情がないのに、今は顔を赤らめて、こちらの言葉を、感情を伴ってしっかり受け止めている。 幻聴は聞こえていない様子。こちらの言葉が届いたんだな。 ここが会話の勝負どころ。Aさんの気持ちに寄り添おう。	・統合失調症では感情の表現が乏しくなる。「顔を赤らめる」という様子から、感情を伴う反応がされていると判断できる。また、会話⑫における、本人の「わからない」という言葉は正直な気持ちだと考えられる。その言葉からも症状が落ち着いていることがわかる。 ・会話⑫及び⑬では、その様子から、支援者は、「わからないと恥ずかしい」（から顔を赤らめる）→「わからないから教えてほしい」と、本人について考えている。会話⑩における「僕も仕事をしたい」という本人の言葉と、父親が他界し母親との二人暮らしがはじまったこととあわせて、就労に向けた支援を開始する機が熟したと、支援者は判断した。それが、「できること」「したいこと」を尋ねることにつながっている。 ・ここで、支援者は、自分が本人の相談

C：⑭よくわからない。だけど、ゲームが好きなので。ゲームは得意かな。

W：⑮ゲームクリエイターやプログラマーの学校を出たのなら、就職に有利ですね。

C：⑯う～ん、30も過ぎているし、これから学校に入るのは難しいかな……。お金もないし……。
（顔も身体も支援者のほうに向け、はっきりした声で答えている）

W：⑰そうですね。Aさんは何がしたいですか？

	に真剣に応じることを態度で示す。具体的には、❶相手の目をみつめ、❷やや前のめりの姿勢をつくる。いずれも、笑顔を崩さない。 ・短い、本人の理解しやすい言葉を使う。
今なら現実的な課題の提供が可能かな？ 症状が出ていないようだし、今がチャンス!!	本人が自らの希望について言葉にしたことそのものを重視する。 Aさんの最終学歴は高校卒業である。会話⑮では、支援者は、「好き」「得意」だけでは、就労につながらないという「正論」を伝えている。言葉にされた希望を受け止めながらも、本人に現実を突きつけ、ストレスを与えていることになる。 本人を否定するような内容を伝える場合、支援者は、例えば、口角を上げ、優しい表情をつくり、やわらかな声を出すなど、穏やかな印象を与えるような表情と態度を心がける。 本人が自身の趣味と現実とを区別し、事実を客観的に受け止められているかどうか確認する。
ここまでの会話から、Aさんが自分の趣味を仕事にすることが難しいと理解していることがわかる。 改めて、どのようなことならできるか聞いてみよう。今のAさんなら、症状に引っ張られず、考えられそう。	本人が自分自身を客観的に評価しているのは、大きな発見である。本人が自身を客観視し、現実を検討する能力があると判断できる。 会話⑰では、「ゲームの学校への入学」に会話の焦点が移りそうだったので、（Aさんに）「何がしたいか」と尋ね、話題を戻している。 会話⑯で、例えば、ゲームの制作を学べ

C：⑱最近、身体を動かすことが、楽しくなってきたので、〇〇さんのような、掃除やバックヤードで行う仕事で、人とあまり話さない仕事。

W：⑲自分の「できること」を理解できていて、素晴らしいですね。

W：⑳目標に向けて、Aさんは何ができますか？

C：㉑うーん、デイ・ナイト・ケアに通って、農作業を頑張って、体力をつけていきたい。

W：㉒私たちも応援したいと思っています。私たちに何ができますか？

C：㉓〇〇さんと同じように、相談にのってほしい。仕事についていろいろ教えてほしい。

W：㉔わかりました。一緒にやっていきましょう。

	る学校に入ります、ゲームの制作会社に就職しますというなど本人が自身を客観視することができていないようなら、面談を終了させる場合もある。 表情と姿勢から、本人がこちらを受け入れてくれていることがわかる。 本人が本気であることを見定める。
うん、〇〇さんからの情報と、観察学習から、自分の「できること」をしっかり理解している。	本人が、自身の「できること」を理解し、周りにいる人の観察を通じて、自身の希望についてさまざまな知識を得ていることを具体的にほめ、評価する。
	より具体的に、今、できることを確認する。 本人の希望について、できるだけ理解しやすい言葉で尋ねる。
	この場合、本人は、目標に向けて取り組むことが必要な、自身の具体的な行動を理解している。本人に、支援者として応援したいと申し出てみる。 本人と支援者との協働作業のはじまりを伝える。ここで、本人と支援者の互いの方向性が一致して行動していく約束ができたことになる。
Aさんのやる気は伝わった。 アセスメントをして、Aさんのためのリハ計画を考えていこう。	就労について具体的な学習指導を希望しているので、作業療法士に就労に関する作業プログラムの作成を依頼するなどが次のステップになる。

	主治医にも本人の変化を報告し、許可を得ておく。 このやり取りをもって、契約が結ばれたことになり、本人と支援者との協働、共同関係が始まる。 それを可視化し、継続的に共有するために、アセスメントを行い、リハビリテーション計画を作成していくことになる。 以降、もう少し具体的にプログラムが進んでいく場合は、家族への報告と家族の希望の把握が必要になる。 また、この場合、障害者枠での就労が本人の希望であり、社会資源の利用や病院内外におけるチームでのかかわり等の必要が出てくる。

YOSHIDA'S METHOD ★

事例❶では、「初回の相談で行う３つの質問」を活用している。

④ 「あなたは何がしたいですか」と夢や目標について質問する

⑤ 「(夢や目標に向けて) あなたは何ができますか」と質問する

◆本人の「したいこと」「できること」を尋ね、その答えから、自身を客観視できているかどうか確認することができる。「あなたは何がしたいですか」という質問に、Aさんは緊張しつつも、「身体を動かすことが、楽しくなってきた」「人とあまり話さない仕事(がしたい)」と答えている(会話⑱)。農作業や身体を動かすプログラムに楽しさを見出していること、また、会話⑯で、自身の年齢、経済的な要因から入学が難しいと判断していることを考慮すると、Aさんは自分自身を客観的に評価することができているため、本人の希望に対する相談をはじめられると考えられる。支援者は、本人の精神科デイ・ナイト・ケアでの様子や、本人が定期的に受診を続けているかどうかといった情報をあわせて判断する。

◆一方で、会話⑯において、Aさんが「学校に通います」と答えた場合は、Aさんが、まだ自身を客観視できていないと考えることができる。

◆また、本人に対する「(夢や目標に向けて) あなたは何ができますか」という質問の答えによって、本人の本気の程度を見定めることができる。Aさんは、会話㉑で「デイ・ナイト・ケアに通って、農作業を頑張って、体力をつけていきたい」と前向きな返事をしている。本人が自身の「できること」を正しく理解していることが、次の「(夢や目標に向けて) 私たちは何ができますか」という質問につながる。

⑥ 「(夢や目標に向けて) 私たち支援者は何ができますか」と質問する

◆質問を通じて、本人に、支援者として応援したいと申し出る。ここで、本人と支援者の互いの方向性が一致して行動していく約束ができたことになる。本人と支援者との関係づくり、協働作業のはじまりを知らせることになる。

YOSHIDA'S METHOD ＋α ★★★

◆本人の気持ちや言葉を先回りして話すようなことはせず、「待つ」ことが大切である。時間がかかっても、言葉が足りなくても、本人から生み出される言葉に意味がある。

◆「待つこと」が大切である一方、その時間が長すぎてしまうと、緊張がきっかけとなって、妄想などの症状があらわれることがある。
本人の緊張が強く、なかなか話をはじめられないようなときは、「待つ」時間に留意する。おおむね30秒から1分程度を目安とする。本人の状態がよくない場合、30秒程度でも症状がみられるようになることもある。

◆常に本人の現状（体力、集中力が十分かどうか）を、デイ・ナイト・ケアなどの様子から事前にアセスメントしておく。そうすることで、支援者自身が心と身体の準備ができ、突然の相談にも応じることができる。

◆抑揚、声の高低、速さだけでなく、「沈黙」も効果的な方法である。
本人の言葉を認めて、受け止めた後、あえて一呼吸（4～5秒程度）おくと、本人、支援者ともに考える時間を確保することができる。
また、気持ちの伝わり方が変わる。わずかな時間、沈黙を挟むことで、相手の心に響きやすくなる。

◆支援者は、自分が本人の相談に真剣に応じることを態度で示す。具体的には、❶相手の目をみつめ、❷やや前のめりの姿勢をつくる。いずれも、笑顔を崩さない。

◆短い、本人の理解しやすい言葉を使う。

◆本人にとって、耳の痛い「正論」を突きつけることは、ストレスを与えていることになる。本人を否定するような内容を伝える場合、支援者は、例えば、口角を上げ、優しい表情をつくり、やわらかな声を出すなど、穏やかな印象を与えるような表情と態度を心がける。

事例❷

意思表示がないようにみえても、寄り添い相談関係を築いていく

本事例で使われているYOSHIDA'S METHODきほんの“き”

⑰　クライエントに配慮して話す

学びのポイント

事例❷は、筆者の相談援助の原点ともいえるかかわりです。生活歴や障害の特性による生きづらさを理解し、相手が「自分と同じ弱い人間である」という前提に立って、人として対等に接したいと考えています。対等な関係を築くために「クライエントに配慮して話す」を大切にしています。Bさんとのかかわりを通して、たとえ、どのような状態であっても、一人ひとりに課題を解決していく力と、その可能性が秘められていることに気づきました。
本人と同じ時間を過ごし、自分がそばにいることで、「この人になら支えてもらえる」「頑張ってみよう」と感じてもらい、その人をエンパワメントできます。その人のサポーターになる、その根気が相談援助に必要なスキルの1つであることを感じてください。

クライエントの概要

Bさん／40代男性

大学在学時に統合失調症を発病。

両親の理解がなく、自宅にお祓いや占い師を呼び、10年以上にわたって治療を受けることもなく、幽閉されるように暮らしていた。症状が悪化し、自宅近くを徘徊しているところを、警察官の通報により入院となる。

入院から半年ほどは急性の状態だったが、その後、統合失調症の陰性症状がみられるようになった。スタッフがはたらきかけても変化がみられず、ベッドの上で横になり、一日中、天井を見て過ごしている。トイレ、食事、入浴といった日常生活は、スタッフが声をかけることによって行うことができており、言葉が理解できていないというわけではない。しかし、スタッフや主治医の話しかけには返事や表情の変化がみられない。

主治医からも退院する見込みは考えられないが、治療の一環として、かかわってほしいというオーダーを受け、病室を訪問した。

かかわりがはじまってから、Bさんが自ら言葉を発するまでに約半年、さらに主治医の診察時に最低限の受け答えができるようになるまでに1年がかかった。退院後、週3日の精神科デイ・ケア参加を1年続け、3年目からは週に1回の診察と面談を受けながら、就労継続支援B型事業所に週4回、通い続けた。5年目からは地域障害者職業センターの就労準備支援を受けている。

会話（C：クライエント／W：支援者）

C	W
C：①……。 （ベッドの真ん中で横になり、じっと天井をみつめている）	
	W：②Bさん今、よいですか？
C：③……。 （支援者に対して、顔や身体を向けることはない。表情にも変化はみられない）	
	W：④今日は、ご挨拶に来ました。吉田と申します。よろしくお願いします。
C：⑤……。	
	W：⑥ここで少しご一緒してもよいですか？
C：⑦……。	
	W：⑧嫌なら、そうおっしゃってくださいね。
C：⑨……。 （上をみたまま、目立つ反応はないが、拒絶するような様子もみられない）	

支援者の思考	かかわりのポイント
私の言葉は、伝わっているかな？ 声をかけて変化をみてみよう。	
症状のせいで動けないのかな？ 他のスタッフは、Bさんには特に「希望がない」というけど、どうだろう？ もう少し見極めていきたいな。	反応がなくても、挨拶が相手に響くように、抑揚をつけ、一音一音をしっかり発音して、ゆっくり話す。幻覚のある人の場合、抑揚のない平板な声は届きにくい場合がある。
最低限の日常生活が、スタッフの呼びかけでできているということは、聞くという能力は保たれているんだろう。私の言葉も届いているのかな。	食事などの日常生活が、スタッフのはたらきかけで行われていることから、本人は支援者の言葉を理解していると考えられる。 反応がみられないからといって、本人の意思の確認をなおざりにしない。 ここでは、本人の部屋に一緒にいることについて確認している。すべての当事者に対するのと同様、「ご一緒して」「そうおっしゃってください」といった敬語を用いて、当事者を一人の人としてみる態度、言葉づかいを心がける。
反応がなくても、私の言葉はちゃんとわかっているようだし、Bさんの意思を確認してかかわろう。以前かかわった、ほかのクライエントが、「まるで自分が存在していないかのように、まわりの人がふるまっていてつらかった」と言っていたな。丁寧に。	

	W：⑩そうしたら、ここで少しご一緒させていただきますね。
C：⑪……。 （本人の様子に変化はみられない）	
	W：⑫また来ますね。 （と声をかけてから立ち去る）

別の日

	W：⑬こんにちは、今日はいかがですか？
C：⑭……。 （少し、顔をこちらに向けてくれている。表情はまだない）	
	W：⑮今日は、雪が降っています。寒くはないでしょうか？

少し一緒にいてみよう。時間を共有することで、わずかでもBさんと気持ちも共有できるといいな。 （本人のみている天井を一緒に眺めて、呼吸を合わせてみる）	本人の視線の先にあるものを一緒にみたり、呼吸を合わせたりして（相手の息を吸うタイミング、吐くタイミングと自身の呼吸のタイミングを合わせる。本人との親和性が高まる）、時間や場所、行為など、「何か」を、本人が支援者と共有しているという体験をもつことができるようにする。
結局、話はできなかった。今日は残念だったけど、それも想定の範囲のうち。 Bさんのお手伝いがしたいという気持ちを感じてもらえるといいな。	変化がみられないのは予想の範囲のうちと考え、10分ほど本人のそばにいる。ただ自分のために、そばにいてくれる人がいるということを、本人に実感してもらうことが目的である。 本人に対して諦めない。 支援者の覚悟、根気も、必要なスキルである。

Bさんの今日の様子はどうかな？ 辛抱強くかかわりをもつことで止まった心の時計が、少しでも動き出してくれるとよいな。	２～３日に１回程度、不定期に本人のもとを訪れて、同じような時間を過ごしてみる。
あっ、少し顔を動かしてくれた！ ここで、もうちょっと踏み込んでみよう。 なにか、よい反応を返してもらえる方法はないかな。	本人に何らかの反応がみられたときは、その機会を逃さない。 本人との距離を縮めるきっかけを用意してみる。
外は雪が降っているけど、部屋の中だからか薄着でいるな。天気に関する話題なら、関心を示してもらいやすいかな。	天気に関する話題や、五感にふれることなど、会話のきっかけとして、本人がうなずく程度の反応をしやすい話題を用意する。 季節の話題はストレスが少ない。統合失調症では、暑さや寒さを感じづらくなっていることもあり、季節の話題は、本人の体調をみるために効果的である。 ここでは、雪の舞う様子を会話の糸口とした。

C：⑯……。 （首を、軽く振る動作がみられる）	
	W：⑰お返事ありがとうございます。 Bさんの返事がもらえてうれしいです。
C：⑱……。 （首だけでうなずくしぐさ）	
	W：⑲今日は、調子がよさそうですね。少しお話させていただきたいのですが、よいですか？
C：⑳……。 （うなずくしぐさ）	
	W：㉑（Bさんのうなずく様子を確認しながら） 今日も雪が降っていましたが、お部屋は寒くないですか？ 私は、寒いのが苦手で、つらい季節ですね。
C：㉒……。 （再度、うなずくしぐさ）	

あっ、反応してくれた! 少し私のことを認めてくれたのかな。うれしい。その気持ちを伝えよう。	本人に認めてもらえたことの喜びを、声と笑顔で表現する。できる限りハッキリとした声で、本人の鼻のあたりをみながら返事をする。この一連のやりとりが以降のかかわりにとって大切になるので、時機を逃さないようタイミングよく行う。表情のほかに、身振り手振りもそえたい。
顔を背けたり、返事を返してもらえなかったりしたら、止めようと思っていたけど、調子がよさそう。Bさんの気持ちを確認しながら話をしてみよう。	うなずくだけでも、本人と意思の疎通ができていると確認できる。季節に関する話題など、わかりやすく、会話を続けるのに負担の少ない材料を用意しておく。
話の合間に適切なうなずきがあるな。私との会話もちゃんと理解してくれているよう。Bさんと関係性がつくれるかな? 私のことをもう少し話してみよう。	部屋は寒くないかという問いかけに反応したのか、支援者の「寒いのが苦手」という言葉に反応したのかわからないものの、うなずく様子がみられたため、本人のうなずくタイミングをみながら話をする。 支援者自身のことを話しながら(自己開示をしながら)関係性を築いていく。ささやかな自己開示は、関係性を深める際のコミュニケーションのとり方である。
今度は、私の顔をみてうなずいてくれた。ちゃんと私の話をわかってくれている。 初めて反応してくれたのはうれしいけど、無理をしないで。よいタイミングで会話を切り上げることも大切。Bさんに確認して決めてみよう。	本人の疲労の様子を確認する。 人により異なるが、30分程度を目安にする。性急に進めると相手の負担になる。次回以降の面談を拒否されることにもなり、その判断が大切になる。

	W：㉓疲れてしまったら、よくないのでまた伺いますね。 必ず来ますから、覚えていてくださいね。 （Bさんが大きくうなずくのを確認する）
C：㉔……。 （大きくうなずく。支援者の顔をしっかりみている）	
	W：㉕それでは、失礼します。

やっと話を聞いてもらえるようになったばかりだし、焦らないで。Bさんが疲れてしまってもよくないから、今日はこのあたりで切り上げておこう。 また必ず来ると伝えよう。	長い時間に及ぶと、本人が疲労し、症状の変化にもつながる心配がある。短い時間の会話から進める。 再度、訪問することを約束し、立ち去る際は、本人の了解を得る。 交わした約束は必ず守る。この積み重ねが信頼関係の構築につながる。
Bさんは、私の顔をしっかり見て、私の言葉が終わるタイミングで返事をしてくれた。ここから、Bさんのペースで進めていきたいな。	本人が、支援者の顔をみて、その言葉が終わるタイミングで返事をしてくれたことから、言語的コミュニケーションがとれてきたと判断できる。 本人が主体的に支援者をみてくれたことが、面談のはじまりである。本人のペースで展開していく。

YOSHIDA'S METHOD ★

⑰ クライエントに配慮して話す

◆統合失調症による陰性症状で、はたらきかけに対する反応がみられない場合であっても、それは感じていることを表現していないだけであって、「何も感じていない」というわけではない。「B さん今、よいですか？」（会話②）、「ここで少しご一緒してもよいですか？」（会話⑥）、「嫌なら、そうおっしゃってくださいね」（会話⑧）など、相手に配慮することで、コミュニケーションのきっかけが生まれる。反応がみられないからといって、かかわりがおざなりになってはならない。

また、「また来ますね」（会話⑫、会話㉓も同様）など、本人と交わした約束は必ず守る。その積み重ねが本人とのコミュニケーションや信頼関係の構築につながる。

◆相談援助にあたり、本人に何かを提案する際は、相手の目をしっかりみることが基本であることはいうまでもない。関係性を深めるには、本人から支援者のほうに顔を向けてもらえるまでの過程を大切にしていくことがポイントのひとつになる。

ただし、統合失調症のある人の場合、相手から目をみつめられると、恐怖を覚えることもある。そのような症状がある場合、本人の鼻のあたりをみるようにするとよい。

YOSHIDA'S METHOD ＋α ★★★

◆反応がなくても、挨拶が相手に響くように、抑揚をつけ、一音一音をしっかり発音して、ゆっくり話す。幻覚のある人の場合、抑揚のない平板な声は届かない。

◆本人と同じものを見る、同じ音を聞く、同じ空気を吸う、同じ時間を過ごす。ただ自分のために、そばにいてくれる人がいるということを、本人に実感してもらう。諦めない、その覚悟と根気も必要なスキルである。

◆呼吸を合わせる（相手の息を吸うタイミング、吐くタイミングに自身のそれを合わせてみる）。これは、本人との親和性を高める。時間や場所、行為など、「何か」を、本人が支援者と共有しているという体験をもつことができるようにする。

◆天気にかかわる話題や、五感にふれることなど、会話のきっかけとして、その人がうなずく程度の反応をしやすい話題を用意する。季節の話題はストレスが少ない。暑さや寒さを感じづらくなっている統合失調症のクライエントにとって、季節の話題は、その日の体調をみるために効果的である。

◆支援者の気持ちや好みなど、ささやかな自己開示は、本人との関係性を深めるコミュニケーションのとり方のひとつである。

◆陰性症状がある人とのコミュニケーションにあたっては、話を終えるタイミングも重要である。これを間違えると、次回以降の面談を拒否されることもある。本人の様子（疲労の程度など）やそれまでの支援者との関係性を考えて判断する。人により異なるが、30分程度が目安である。会話を終える場合でも、本人に確認し、あくまでも、その主体性を大切にする。支援者の都合で一方的に会話を終えるのは適当ではない。

◆言語的コミュニケーションがとれなくとも諦めない。非言語的コミュニケーションがとれたら、それを大切にする。

事例❸

本人が得意とするコミュニケーションの方法を探りながら面談する

本事例で使われているYOSHIDA'S METHOD きほんの“き”

⑦　生活基盤である医療（衣料）、食事、睡眠、住居、金銭をアセスメントする

⑧　クライエントの「受信技能」「処理技能」「送信技能」をアセスメントする

・どのように情報を受け止めるのが得意か、意味理解のくせはあるか

・行動・反応の選択肢をいくつもっているか

・実際にどの程度できるか

⑨　コミュニケーションにおけるルールや考え方を知っているかどうか、実際に使えるかどうかアセスメントする

・考え方、ルールを知っているか

・対処行動を知っているか

・対処行動を実際に使えるか

学びのポイント

事例❸は、「受信技能」と「メタ認知」に課題のあるクライエントに対して、本人が得意とするコミュニケーションの方法を探りながら面談を進めています。かかわりのポイントをみてください。

クライエントの概要

Cさん／30代男性

国立の理数系大学卒業後、大手電機会社に就職。両親と同居。

異動によって、エンジニア職から営業職に移ることになり、そのストレスから好きなアニメを夜中まで見続ける、ゲームに夢中になるなど、生活リズムが乱れるようになった。朝起きられずに遅刻を繰り返し、上司から叱責を受けるようになる。次第に、外出できなくなり、昼夜が逆転した生活を送るようになったため、両親とともに受診。うつ病と診断され、休職することになった。詳しい検査の結果、発達障害による対人関係の難しさ（苦手さ）がうつ病の原因と診断された。

視覚優位（文字や記号の読み取りは得意だが、表情の読み取りは苦手）で、聴覚過敏であることもわかった。休職と服薬治療で症状は改善してきたが、昼夜が逆転した生活は依然として、そのままである。

主治医の助言も理解しにくい様子。本人は早期の復職を希望しているが、主治医からは生活の調整を先にするよう指示が出ている。主治医の意図は十分に理解できていない様子である。

受診の後、働きたいとCさんから相談の依頼を受けた。Cさんの受信技能、処理技能、送信技能をアセスメントするために面談を行った。

その後、Cさんはチェックリストをつけながら、約3か月精神科デイ・ナイト・ケアを利用し、昼夜逆転の生活に改善がみられるようになってきた。アニメやゲームにかける時間も1日1時間程度に調整できるようになっている。

6か月ほど経ってから元の職場に戻れるようになり、復職前には、会社の人事担当者と産業カウンセラーにCさんの特徴について説明した。Cさんは、週1回の診察と面談を受けながら、仕事を続けている。

会話（C：クライエント／W：支援者）

C	W
C：①主治医の先生の言われたとおりしてきたのに、仕事に戻れないのは、なぜですか？ （キョトンとした無邪気ともいえる表情。身体の緊張がとれて肩の位置が下がり、やや前のめりの姿勢。語尾を強めて不満を表している）	
	W：②なぜ、仕事への復帰が遅くなっていると思われますか？ それと、この声の高さで聞き取れますか？
C：③高い声はまるで怒られているようで、嫌です。不快な音に聞こえます。	
	（「レ」の高さで） W：④このくらいの声の高さで聞き取れますか？

支援者の思考	かかわりのポイント
うつ状態のときは、背中を丸めて下ばかり向いていたのに、今日は調子がよいのか、緊張もみられないし、表情も柔らかい。こちらの話を聞く準備ができているのかも。少し踏み込んで話をしてみよう。	うつ状態のクライエントとの面談は、姿勢、表情をみて、その内容や時間（タイミング、長さ）を考える。 姿勢や表情から、「大丈夫」と判断した場合に、内容を深める。
現実と、思い描いていた自分の状況との間にギャップがあることに気づきはじめて面談に来たのかな？ 調子のよくないときと違って、声が機械的な感じでなく、戸惑いを感じているように思える。 表情も、体も、リラックスしているよう。 たしかCさんは、表情の読み取りが苦手なはず。スピードや声の高さにも注意して。	記録ができるように、本人にメモやノートを用意してもらうよう、あらかじめ伝えておく（視覚的手がかりの活用）。 笑顔を絶やさず、ゆっくりとした口調で。 普段は１分間に300文字程度のところを、あえて１分間に200文字程度のスピードを心がける。 Cさんは視覚優位で、聴覚を通じた情報のやり取りが苦手である。音声情報をしっかり受信できるように、ゆっくりと話す。 「ドレミファソラシド」の「ソ」にあたる高さの音は、相手に心地よい印象を与えるといわれている。「ソ」ぐらいの声の高さを意識する。
Cさんにとって、快い声の高さ、不快に感じる声の高さがあるんだな。 高い声は、Cさんにとって、母親から怒られているように感じるのか。私も気をつけよう。	特定の音の高さを苦手にしたり、音や声の高低に敏感だったりする聴覚過敏がコミュニケーションを難しくしている場合もあるので、覚えておきたい。 この場合、高い声が不快に聞こえると言っていることから、Cさんは「声の高さ」に敏感であると考えられる。声の「高さ」も心に留めておきたい。 障害特性として特定の音や声を苦手とする場合も多いので、あくまでも、本人に聞いてもらえるよう工夫する。
このくらいだと、聞き取りやすいかな？　確認しておこう。 声の高さのほかに、文が長くならないよう、簡潔に伝えるようにしよう。	本人が聞き取りやすい声の「高さ」を確認する。遠回りな作業のようだが、この積み重ねが本人との信頼関係をつくっていく。

C：⑤はい。
（支援者の声の高さ、スピードを不快に感じていない様子）

C：⑥先生には、直接、仕事に戻れるようにお願いしていたのに、先ほどの指示箋には、生活のリハビリからはじめると書いてありました。

C：⑦先生が復職を認めてくれないのは、僕の伝え方が悪かったからでしょうか？

W：⑧確かに、Cさん自身の現状を正しく伝えられてはいませんね？

C：⑨うーん、仕事に就くことができますと言い切ってしまえばよかったんですか？
（口角をぴくぴくさせている）

W：⑩言い方の問題ではないですよ。

	本人の特性を考慮して、声の高さに注意するとともに、回りくどい言い回しを避け、文節をわかりやすく区切って話す。このほか、「これ」「あれ」といった指示代名詞を使わない、主語と述語を省かない、具体的な表現を用いるなどの工夫をする。類推しなければ理解できない説明や指示を避ける。
すぐに返事があった。 この声の高さと話し方でよさそうだ。	本人の反応（返事の仕方、スピード）、表情から、伝わっているかどうか、会話が有効かどうか判断する。
主治医の指示の内容は、しっかり理解している。やっぱり、聴覚よりも、視覚情報のほうが理解が容易なのかな。	
Cさんの気持ちが出てきたな。 主治医の伝えたかったことと、本人の理解とがかみ合っていないことが治療に積極的になれない理由かな？ 本人の意思と治療方針とのすり合わせを少しずつしていこう。	本人の認知の仕方（本人が考えている「自身の状態像」）と、客観的事実（主治医が見立てている「本人の状態像」）がずれている。
	客観的な事実（現実の「モノ」や「コト」）に注目し、本人に否定的に捉えられないように注意する。
「伝え方」が問題じゃなく、生活のリズムが乱れていることが復職を認めてもらえない理由だとわかっていないのかな？ こちら側の見立てと、Cさんの自身の捉え方とにずれがあるようだ。 本人が、自分が仕事に就くことができると考えている理由を直接、尋ねてみよう。 その反応から、会話を組み立てよう。 今は、しっかりと視線を合わせてくれてい	・会話⑩は、相手によっては否定的に受け取られる表現だが、発達障害のあるクライエントの場合、その特性を考えると、伝えたい事柄だけをストレートに話すほうが理解されやすい場合もある。 ・本人の反応に合わせて、支援者がうなずくタイミングや自身の表情を変化させることで、緊張感を高めたり、緩めたりすることもできる。

C：⑪そうですか。

うーん、そうしたら、僕がどれだけ優秀か、プレゼンテーションしたらどうでしょうか？

（自信いっぱいに、とてもよいことを思いついたような表情。普段は淡々と語るのに、顔をこちらに向けいつもより声が大きい）

る。こちらの言葉も理解しているようだ。 でも、ちょっと口角の動きが激しいな。	・本人が感情（喜怒哀楽）を表す際の特有のくせ（動いていた目が止まったり、口角が上がったり下がったり、口が開いたりといったこと）を読み取っておく。 ・話し方に抑揚をつけると、平坦に話すより相手に響きやすく、言葉としてインプットしてもらいやすい。 ・本人が呼吸するタイミングに自分の呼吸のタイミングを合わせてみる。呼吸を合わせることで、タイミングを逃さずに、あいづちをうつことができるようになり、相手の心に響くあいづちへと変わる。適切なあいづちをうつことで、支援者が無理に話しかける必要がないことも、理解できるようになる。
う～ん、自信満々の顔つきだ。普段より声も大きい。 Cさんは自身が復職できることに疑いをもっていない。 自分の思いつきがすっかり正しいと思っているんだな。相手を説得しようとするのがCさんのコミュニケーションのとり方なんだな。 さて、どう話していくとわかってもらえるかな？	・コミュニケーションを通じて、コミュニケーションにおける、本人の“くせ”や、受信・処理・送信技能をアセスメントする。 ・本人の理解できる言葉とタイミングで、本人が考えている「自身の状態像」と、主治医が見立てている「本人の状態像」とのずれをひとつずつ確認しながら、すり合わせていく。 ここでは、Cさんは、自身が復職できると思っており、主治医が就労を認めてくれないのは自分の“伝え方”（方法）に原因があると考えている。一方、主治医は就労にあたっては、まず生活リズムを整え、昼夜逆転の生活を見直す必要があると考えている。 この差が、「認知のずれ」である。 生活リズムを整える必要があるにもかかわらず、自身の能力をアピールする「方法」が適切でないと考えている本人に対し、どのようにアプローチするか考える。

W：⑫なぜ、そう思うんですか？

C：⑬僕が優秀だとわかってもらえたら、すぐにでも、復職の許可がもらえると思うんです。

W：⑭Cさんは、昼と夜が逆転していて、朝ちゃんと起きられていませんよね。日常生活がしっかり送れていなくても、優秀だから、復職できると思うのは、なぜですか？

自分が「優秀であること」を伝えることが適切だと、どうしてそう思うのかな？ もうちょっと、本人の考え（理由）を話してもらおう。	・「なぜ、そう思うんですか？」は、会話⑪のあと、話題が次に進まないうちに、はっきりとした口調で言う。 間が空いてしまうと、会話⑪を支援者が肯定したと、本人に誤ったメッセージを送ってしまうことにつながるからである。 本人と対立するかのようであるが、本人が自身の“こだわり”（ここでは、自分の「優秀さ」をアピールすること）に引きずられないようにするために、はっきりとした口調で問いかける。 ・会話⑪は、支援者側が見立てている「本人の状態像」から考えると、現実味のあるものとは考えにくい。そのため、ともすれば、支援者は聞き流してしまいがちであるが、「なぜ」と問いかけることで、本人自らが自分の考えを話してもらえるように促す。 本人が自分の考えを言語化することで、自らの「認知のずれ」に気づくきっかけとなる。 そのやり取りを通じて、本人が認識できる認知の変化を促す。
自分の意見がどんどん出てくる。 これまでも、こうしてCさんなりの考え方で話を進めていくことで、周りの人はコミュニケーションがとれなくなってきたんだな。	
現実的な検討がはじめられるよう、具体的に、言葉にして話を進めていこう。 本人が、自分のいう「優秀」という言葉をどのように捉えているのかも知りたい。	生活のリズムを整えることの意味を本人が理解しているかどうか確認するために、会話⑭の質問をしている。本人の「認知のずれ」を確認していく作業は、時間と根気を必要とするが、その人特有の考え方を知るには有効な手段となる。 就労生活を送るには、その前提として、決められた出社時間に間に合うよう起床し、身支度をして、家を出なければならない。こういった生活を送ることが実際にできる

C：⑮うん、僕は、学歴もありますし、前の職場もよいところでしたから、うつが治っているなら、優秀なところをわかってもらったらいいと思います。

W：⑯対人関係の苦手さが、うつの引き金のひとつになっていることは、聞かれていますか？

C：⑰うーん、聞いていたような気がします。

	のかどうか、現実的な検討がはじめられるよう、本人の聞き取り能力や理解力を考えて会話を進める。 ここで本人が緊張したり、拒否的な反応を示してきたりしたら話を終了することも必要。
対人関係の「苦手さ」が、うつの引き金のひとつになっていることを理解していないのかも。主治医の先生は話をしていると言っていたけど、理解できていないかな? 主治医の先生から聞いているのか確認してみよう。	「発達障害」とひとくくりにいっても、それぞれの特性がある。コミュニケーションの苦手さは、発達障害のある多くの人にみられる特性ではあるが、その「苦手さ」についても、本人の特性、個性を把握してから対応する必要がある。
病気や障害のことは尋ねにくいけど、Cさんの表情に変化はないし、淡々としているな。 このまま面談を続けられそうだ。	障害の理解が十分でないと復職につなげるのは難しい。会話⑯は本人がどの程度、自身の障害について理解しているのか確認している。障害や症状について尋ねるのは、本人の状態が落ち着いているときにする。 表情や姿勢などを確認し、リラックスして支援者の言葉が本人に届いているようなら、より深める。一方、届いていないようなら、いったん中止するという決断も必要になる。
「うーん」という言葉とその表情は、まるで他人事のようだ。 主治医の説明を、これからの生活の重要なポイントとして捉えていないな。 Cさんに、障害特性を知ることの重要性をわかってもらうには、時間がかかるかな? あとで、グループワークか、視覚的な資料を使って、じっくりと理解してもらう必要があるな。 まずは、現実的な日常生活の問題を取り扱って会話をしよう。 Cさんは、すぐに自分の優秀さだけをアピールするけど、それが本当に正しい方法だと思っているのかな?　ここも確認しておこう。	本人の「聞いていたような気がします」という言葉から、主治医の説明を大切なことだと理解していないことがわかる。ここからも、本人と支援者との間に「ずれ」が生じていることがうかがえる。 支援者側が大切だと考えていることを、本人が現実的に検討していないと、支援を“諦めて”しまう支援者もいるかもしれないが、ねばり強くかかわる。

	W：⑱日常の生活リズムを整えずに、優秀さをアピールすることは先生に復職を認めてもらうために効果がありますか？
C：⑲うーん、どうですかね…。（語尾が少し弱くなり、戸惑っている）	
	W：⑳今の生活のままで、なぜ仕事が続けられると思いますか？
C：㉑自分としては、正しいと思いました。	

現状をふまえない（誤った理解に基づく）自己主張は、かえって本人の不利になることをわかってもらおう。 表情の変化はどうだろう？	Cさんの場合、「利益」になるかどうかが判断の基準になっている。会話⑱は、本人のその考え方（自分の「優秀さ」をアピールすること）が、自分にとって利益になるかどうか考えさせるようにしている。
自分の考えと主治医の考えとに違いがあること、復職には生活のリズムを整える必要があることに気がついてきたかな？ 自信がなくなって、気持ちがゆれはじめている？ もう一度確認してみよう。	
	会話⑳は再度、質問を本人に投げかけている。本人の目をみて、柔らかく優しい口調で、相手に言葉が届くように言う。 「なぜ」ではじまる質問は、相手の考えや行動の理由を探りたいときに使う。ただし、「なぜ」ではじまる質問は、質問する側が相手を否定する気持ちを含んでいる場合があるので、注意が必要である。本人の意見は否定せずに、本人が考えたことを大切にして、自己選択ができるようなキーワード（この場合、「今の生活のままで仕事が続けられると思いますか」）を投げかけ、本人が、現実的な答えをみつけられるように促す。 問いかけによって、社会人として求められる働き方を、本人がイメージができているのかどうか確認する。
「自分として」という言葉がつくように変わった。ゆらいできているな。一歩前進だ。	本人の価値観が、他人の価値観と少し違うかなと思ってもらえたら、一歩前進である。 会話㉑までは、自分にとって「正しい」こと、自分がこだわっていること（就労が主治医に認められないのは、自分の“伝え方”（方法）に原因があるから、自分の「優秀さ」を伝えればよい）に疑いをもっていなかったが、「自分としては（正しい）」という言葉が出た

	W：㉒朝、起きられないと、なぜ、仕事ができないのでしょう？
C：㉓うーん、朝、仕事に行けませんか？ （疑問を感じているのか、小首を傾げ、語尾が弱い）	
	W：㉔主治医に、Cさんの優秀さをアピールすることが、なぜ効果があるのでしょうか？

	会話㉑では、自らの「正しさ」や「こだわり」が、自分以外の人にとっては同じように「正しい」ことではないのかもしれないと感じはじめている。会話㉑からは、本人の変化がうかがわれる。
本人が働くことができないと考えている理由と、本来の働き方に必要な意識や生活スタイルとに“ずれ”があることに直面してもらおう。	本人の考えや希望が現実的でないと思われる場合、具体的でイメージのしやすい言葉に置き換えて、投げかけてみる。 ここでは、「仕事に行く」ということを、「起きる」という言葉に置き換えて聞き返している。 いつまでに職場に着かないとならないか（出社時間）→いつ家を出るか（出勤時間）→いつ起きるか（起床時間） という現実として提示し、本人が自分で考えて返事ができるように問いかける。 その答えによっても、本人の判断能力をアセスメントできる。
「仕事に行けませんか」という言葉は、なんだか他人事のようだな。 Cさんが一番こだわっていた、「優秀な自分」をアピールすることが、なぜ効果があると思うのか、もう一度、聞き直してみよう。そうしたら、少しは違う気づきになるかな？ 戸惑った表情もみえるし、Cさんも自分の話が現実味のない話だと、だんだんと気づきはじめたのならいいんだけど。Cさんが自分に向き合えるようになってもらえたらうれしいな。	
	本人の発言が、自分の考えが正しいと思って自信満々だったものから、現実的なものになったときは、本人が話していた同じ言葉を使って、再度問いかけ、本人の考えがなぜ変化してきたのか、その理由を確認する。

C：㉕うーん、意味がありませんかね？
（表情の変化から、かなり悩んでいる様子がわかる。身体は前のめりになり、姿勢が崩れている）

C：㉖どうすればよいでしょう。
（首を傾げ、聞き入るように顔をこちらに向け、瞬きの回数が減っている。声も少し大きくなっている）

W：㉗まずは、チェックリストに基づいて、Cさんの1週間の生活習慣を正しく伝えて、主治医に相談されてはどうですか？

C：㉘それで、わかってもらえるんですか？
（やはり不安な様子だが、顔をしっかりこちらに向けて、瞬きも少ない）

W：㉙大丈夫ですよ。
伝え方に不安があるようでしたら、SSTで練習しましょう。

自分の考え方が"ずれ"ていることがわかってきたのかな? しんどそうだ。やっぱり負担が大きかったかな? でも、Cさんは、自分で"ずれ"を感じることができた。 本人が聞いてくるまで待ってみよう。	本人のこだわりや現実を直視すること(直面化)は、本人にとって非常に大きな負担を伴うプロセスであることを心に留めながら行う必要がある。
うん、解決策を求める言葉が出てきた。顔をこちらに向け、声も大きい。決心をつけられたのかな? こちらを頼ろうとしてくれている。ここで適切なアドバイスができれば。	本人の「本気」を感じることのできる一言である。 本人が心を開いて支援者に相談してくれた重要なポイントであり、適切なアドバイスができれば、本人が変われるチャンスになる。
Cさんが得意な、視覚的な方法を使って、自分の状態を客観視できたらいいな。 主治医には、チェックリスト(116ページ)を使って報告してもらったらどうだろう。 チェックリストに記録した内容をうまく言葉にして、主治医に伝えられたら、Cさんも楽になるかな。 この提案を受け入れてくれたらいいな。	姿勢や声から、本人が支援者の言葉に耳を傾けようとしていることがわかる。 視覚を通じた情報処理を得意とする場合、視覚的、客観的に理解しやすいツールを提供することが有効である(視覚的手がかりを活用する)。チェックリストを用いることで、普段は何時に寝ているのか、いつごろから就寝時間が遅くなりはじめたのかわかるようになる。 チェックリストは、できるだけ簡単に記入できるものにする。複雑なものだと、「記入すること」にこだわるようになり、寝られなくなる場合もある。
経験がないことに対する不安を言葉にしてもらえただけでも一歩前進。 これまでなら、自分の使っていないスキルはできませんと言い切ったはずなのに、変わろうとしているな。	本人の「顔をしっかりこちらに向けて、瞬きも少ない」という様子からは、支援者を信じてよいのか確認したいというサインを出していると受け止めることができる。 本人が、自身の変化や、新しい取り組みを受け入れることは、大変な勇気が必要であることを理解しながら進める必要がある。
Cさんの不安はよくわかるな。 その不安を解消できるような提案をしないと。Cさんの場合、送信技能に不安があ	「大丈夫」と言わずに、「伝え方に不安が〜」から、会話をはじめることもできるが、あえて「大丈夫」と最初に伝える。

	これが、Cさんにとってのリハビリの開始になりますよ。
C：㉚わかりました。 （表情も落ち着き、一呼吸ついてしっかりこちらを向き、ハッキリと言い切っている）	

るので、SSTのグループワークを提案しよう。生活のリズムを整えることが、立派に、リハビリになることをわかってもらえるといいな。	「大丈夫」という言葉は、安心感を与える大切なキーワードになる（肯定的な表現、用語を使う）。 「だいじょうぶですよ」の「だ」を強く言う。一方、「ですよ」は優しく、穏やかに。支援者の「一緒に頑張るよ」というメッセージになる。リハビリテーションに向き合う本人の目標と、支援者の目標とをすり合わせる大切な言葉になる。 支援者が自信のある態度や笑顔をつくることで相手に伝わる。 言葉は、常に目的をもって発する。「大丈夫」と言うときは、本人の不安を解消できる提案を考えてからにする。 「リハビリテーション」という言葉を用いることによって、生活のリズムを整えることが、立派なリハビリテーションになると、考え方が変わるきっかけにすることができる。
よかった。こちらの気持ちが通じたようだ。これが、リハビリのはじまりになればいいな。一緒に頑張っていく第一歩にしよう。	リハビリテーションは、本人と支援者の決心がついてからが開始である。

⑦ 生活基盤である医療（衣料）、食事、睡眠、住居、金銭をアセスメントする

◆①医療、②衣料、③食事、④睡眠、⑤住居、⑥金銭管理は、生活を維持するための基盤である。ここでは、チェックリスト（116ページ）を用いて、本人の睡眠のリズムをアセスメントしようとしている。チェックリストを用いることで、普段は何時に寝ているのか、いつごろから就寝時間が遅くなりはじめたのかわかるようになる。
なお、チェックリストは、できるだけ簡単に記入できるものにする。複雑なものだと、「記入すること」にこだわるようになったり、記入を続けることが負担になったりしてしまう。

⑧ クライエントの「受信技能」「処理技能」「送信技能」をアセスメントする

◆会話を通じて、本人のコミュニケーションにおける“くせ”や、受信・処理・送信技能をアセスメントする。Cさんの主治医は、生活の調整を先に行うよう指示を出しているが、一方のCさんはその意図を十分に理解しているとはいえず、主治医が復職を認めてくれないのは、自分の“伝え方”、つまり「方法」が適切でないからだと考えている。主治医を含めた支援者側の見立てと、Cさんの考える自身の状態像とに“ずれ”があり、Cさんは、受信と処理技能とに課題があるといえる。その“ずれ”をひとつひとつ確認しながらすり合わせていく。

◆支援者からの問いかけによって、本人自らが自分の考えを話してもらえるように促す。自分の考えを言語化することで、自らの「認知のずれ」に気づくきっかけとなる。そのやり取りを通じて、本人が認識できる認知の変化を促す。

◆本人の考えや希望が現実的でないと思われる場合、具体的でイメージのしやすい言葉に置き換えて、投げかけてみる。事例❸では、「仕事に行く」を、「起きる」という言葉に置き換え、Cさんが自分で考えて返事ができるように問いかけている。その答えによっても、本人の判断能力をアセスメントできる。

◆視覚が優位のタイプの場合、視覚的、客観的に理解しやすいツールを提供することが有効である。視覚的な情報を示しながら、コミュニケーションを図る（視覚的手がかりを活用する）。

⑨　コミュニケーションにおけるルールや考え方を知っているかどうか、実際に使えるかどうかアセスメントする

◆誤った理解に基づく自己主張は、本人の状況を悪くすることを理解してもらう。事例❸では、自身が「優秀であること」を伝えられれば、復職ができるものと考えている。一方で、昼夜の生活が逆転したままで、出社に間に合う時間に起きられなければ、職業生活は維持できない。社会人として求められる生活やルールを知っているか、それに沿った行動を理解しているか、それに沿った行動が取れるかどうかアセスメントする。

YOSHIDA'S METHOD ＋α　★★★

◆コミュニケーションの「苦手さ」は、発達障害のある人の多くにみられるが、だからといって、ひとくくりにすることはできない。一般的に、意味を類推して理解しなければならないような抽象的、曖昧な表現、「あれ」「これ」「それ」などの指示代名詞の使用を避け、具体的な表現を用いるように心がける。また、肯定的な表現、語句を使用し、二重否定は用いない。本人の特性、個性を把握してから、本人が得意とするコミュニケーションの方法を知り、それに応じて、支援者の方法も変える。あくまでも、本人を中心に据える。話を聞いてもらえるための努力のひとつである。

◆次のような発達障害の特性を考えると、はっきりとした短い言葉による会話のほうが理解がしやすい場合が多い。

- 自分なりの論理で相手に一方的に話し続ける
- 客観的にみると、それが誤りであっても（筋が通っていなくとも）、自分では論理的に話ができていると思っている
- 楽しい、うれしい、心地よい、悲しい、さびしい、残念だ、などの感情を表現する言葉を理解することが難しい
- 雑談と、本質的な会話の区別が見極めづらく混乱することが多い

◆うつ状態にあるクライエントとの面談は、その姿勢、表情をみて、内容や時間（タイミング、長さ）を考えて行う。例えば、普段うつむいてばかりの人が顔をあげ、支援者をみている、身体が前のめりになって話を聞く姿勢になっているなど、支援者が「大丈夫」と判断できる場合に、内容を深める。

◆一般的に、「ドレミファソラシド」の「ソ」にあたる高さの音は、相手に心地よい印象を与えるといわれている。「ソ」ぐらいの声の高さを意識する。一方で、本人が聞き取りやすい声の「高さ」を確認することが大切である。これは一見、遠回りな作業のようだが、その積み重ねが本人との信頼関係をつくっていく。

◆相手の呼吸に合わせてみる。本人の呼吸（息を吸う吐くのタイミング）に合わせることで、タイミングを逃さずに、あいづちをうつことができるようになる。適切なあいづちによって、無理をせずとも会話を続けられるようになる。

◆「なぜ」ではじまる質問は、本人の考えや行動の意味を知りたいときに使う。本人の「自己決定」を促す質問である。「あなたが本気で考えるのなら、私も一緒に考えますよ」というメッセージにつながる。また、相手に興味があることを伝える。「興味があるから（相手を）知りたい」というメッセージでもある。

◆一般的に、男性の場合、論理的な話が得意で、「なぜ」と問いかけるときは、本人にとってのメリット、デメリットを明確にしたほうが理解してもらえることが多い。一方、女性の場合、感情、情感にはたらきかけるほうが、話がうまくつながることが多いといえる。

◆クライエントの反応に合わせて、うなずくタイミングや、支援者自身の表情を変化させることで、緊張感をもたせたり、緩めたりすることもできる（緊張と緩和）。

◆会話の際の、本人の表情のくせ、ポイントを特に理解しておく。Cさんの場合、理解が十分でない場合は、不安そうに目が泳ぎ、一方、理解しているときは視線が落ち着き、動揺しない。普段の会話を通じて、アセスメントしておく。

◆本人の意見は否定せずに、自らが考えたことを大切にして、自己選択ができるように促す。大切なことは、自己選択ができるようなキーワードを投げかけ、本人が、現実的な答えをみつけられるかどうかである。

◆「大丈夫」を最初に伝える。「大丈夫」という言葉がなくとも、会話は成り立つが、あえてその言葉を最初に使う。「大丈夫」という言葉は、安心感を与える大切なキーワードになる。支援者の「一緒に頑張るよ」というメッセージになる。

チェックリスト

チェックリストにはいくつかの種類があります。

・食事・服薬管理チェックリスト①
・食事・服薬管理チェックリスト②
・睡眠チェック表
・基本生活のチェック＆アンケート
・仕事を始める前のチェックリスト

それぞれ、次のような特徴があります。

食事・服薬管理チェックリスト①②

診察などの際、質問の意図をくみ取り、自らの状態をふまえたうえで、客観的に答えることが難しい場合に用いることができます。

例えば、「眠れていますか？」と主治医から質問されたとします。

質　問：眠れていますか？
答え①　（昨夜は眠れたので）はい。
　　②　（昼夜が逆転し、夜は起きているものの、昼間に寝ているので）はい。
　　③　（横になってから眠りにつくまでに2～3時間かかるものの、眠れているので）はい。

いずれの場合も、「はい」と答えていますが、その背景や状態は異なります。チェックリストを利用することで、1日（1週間）の生活の様子を客観的に伝えることができます。

事例❸では、食事・服薬管理チェックリスト①を用いています。デイケアを利用する前後のCさんの生活の変化を示しました。

食事・服薬管理チェックリスト②は、からだと気持ちの状態を1～10までの数字で表すことができるようになっています。数値化することによって、自らの状態を客観的に捉えることができるようになります。

睡眠チェック表

主に、睡眠の状態を把握するためのものです。気分を「良い」「普通」「だるい」の3つで表現することができ、うつ状態などで、自らの気分を言語化することが難しい場合に適しているといえます。

基本生活のチェック＆アンケート

クライエントが退院を希望する場合など、自立生活をイメージしてもらうときに利用できます。また、本人が自らの「できること」を客観的に評価することが難しい場合に、本人とスタッフとが記入することで、クライエント自らが考える「できること」と、スタッフが考えるクライエントの「できること」の差を明らかにすることができます。本人が、自らを客観的にみつめることができるようになるためのきっかけにすることができます。

仕事を始める前のチェックリスト

仕事に就いたことがない、または再就職を希望している場合に利用することができます。

食事・服薬管理チェックリスト①(デイケア利用前)

名前：Cさん　　　　　　　　　　年　月　日～

	目標・理想		/ 月	/ 火	/ 水	/ 木	/ 金	/ 土	/ 日
一日の流れ		3:00							
		4:00							
		5:00							
		6:00	睡眠						睡眠
食事		7:00							
		8:00		睡眠	睡眠	睡眠	睡眠	睡眠	
○		9:00							
		10:00							
服薬		11:00	○ △						○ △
△		12:00	アニメ ゲーム						アニメ ゲーム
		13:00							
睡眠		14:00		○ △	○ △	○ △	○ △	○ △	
□		15:00	○ △						○ △
		16:00							
		17:00	睡眠	アニメ ゲーム	アニメ ゲーム	アニメ ゲーム	アニメ ゲーム	アニメ ゲーム	睡眠
☆		18:00							
		19:00							
		20:00		○	○	○	○	○	
◎		21:00							
		22:00	アニメ ゲーム						アニメ ゲーム
		23:00		アニメ ゲーム	アニメ ゲーム	アニメ ゲーム	アニメ ゲーム	アニメ ゲーム	
		0:00	△						△
		1:00							
		2:00	睡眠	△	△	△	△	△	睡眠
1日の振り返り			夕食後の薬の飲み忘れがある	食事は、昼食、夕食のみで、夕食はゲームをしながらとる。アニメとゲームで10時間					夕食後の薬の飲み忘れがある
1週間の振り返り									

食事・服薬管理チェックリスト①（デイケア利用後）

名前：Cさん　　　　　　　　　　　　　　年　　月　　日〜

	目標・理想		/ 月	/ 火	/ 水	/ 木	/ 金	/ 土	/ 日
一日の流れ		3:00							
		4:00							
		5:00	睡眠	睡眠	睡眠	睡眠	睡眠	睡眠	睡眠
		6:00							
食事		7:00	○	○	○	○	○	○	○
		8:00	△	△	△	△	△	△	△
○		9:00							
		10:00	デイケア参加	デイケア参加	デイケア参加	デイケア参加	デイケア参加		
服薬		11:00							
		12:00	○	○	○	○	○	○	○
△		13:00	△	△	△	△	△	△	△
		13:00						ゲーム（アニメ）	ゲーム（アニメ）
睡眠		14:00							
□		15:00							
		16:00							
		17:00	○	○	○	○	○	○	○
☆		18:00	△	△	△	△	△	△	△
		18:00	ゲーム（アニメ）	ゲーム（アニメ）	ゲーム（アニメ）	ゲーム（アニメ）	ゲーム（アニメ）		
		19:00						ゲーム（アニメ）	ゲーム（アニメ）
		20:00	△	△	△	△	△	△	△
◎		21:00							
		22:00							
		23:00							
		0:00	睡眠	睡眠	睡眠	睡眠	睡眠	睡眠	睡眠
		1:00							
		2:00							
1日の振り返り									
1週間の振り返り									

食事・服薬管理チェックリスト②

名前：＿＿＿＿＿＿＿＿＿＿＿＿＿＿＿　　　　年　　月　　日～

			/	/	/	/	/	/	/
			月	火	水	木	金	土	日
一日の流れ	目標・理想	3:00							
		4:00							
		5:00							
		6:00							
食事		7:00							
		8:00							
○		9:00							
服薬		10:00							
		11:00							
△		12:00							
睡眠		13:00							
		14:00							
■		15:00							
		16:00							
		17:00							
☆		18:00							
		19:00							
		20:00							
◎		21:00							
		22:00							
		23:00							
		0:00							
		1:00							
		2:00							
1日の振り返り（1から10で記入）			からだ	からだ	からだ	からだ	からだ	からだ	からだ
			きもち	きもち	きもち	きもち	きもち	きもち	きもち
1週間の振り返り									

睡眠チェック表

年　　月　　日～

理想の睡眠	時間	/ 月	/ 火	/ 水	/ 木	/ 金	/ 土	/ 日
	16:00							
	17:00							
	18:00							
	19:00							
	20:00							
	21:00							
	22:00							
	23:00							
	0:00							
	1:00							
	2:00							
	3:00							
	4:00							
	5:00							
	6:00							
	7:00							
	8:00							
	9:00							
	10:00							
	11:00							
	12:00							
	13:00							
	14:00							
	15:00							
気分のチェック		□良い □普通 □だるい	□良い □普通 □だるい	□良い □普通 □だるい	□良い □普通 □だるい	□良い □普通 □だるい	□良い □普通 □だるい	□良い □普通 □だるい

基本生活のチェック＆アンケート

氏名　　　　　　　　　　　　　　　　　　　　　年　　　月　　　日

できることは◎、だいたいできることは○、頑張りたいことは△にチェックしてください。

		◎	○	△
1	朝決まった時間に起きることができる。			
2	夜寝る時間が決まっている。			
3	身なりがきっちりできる。			
4	朝起きて顔を洗い、歯磨きができる。			
5	髭剃りが使える。			
6	金銭管理ができる。			
7	貯金ができる。			
8	１日２回以上食事ができる。			
9	部屋の片づけができる。			
10	洗濯ができる。			
11	家族や同室者との付き合いができる。			
12	挨拶ができる。			
13	相談できる人がいる。			
14	友人と余暇を楽しむことができる。			
15	服薬がきっちり守れる。			
16	服薬しても調子が悪い時に一人で主治医に相談できる。			
17	約束の時間を守れる。			
18	一人で病院へ行くことができる。			
19	電話での受け答えができる。			
20	買物ができる。			
21	緊急時や夜間体調不良時の連絡ができる。			
22	趣味を持ち楽しむことができる。			
23	危険な勧誘を断ることができる。			

仕事を始める前のチェックリスト

できることは◎、だいたいできることは○、頑張りたいことは△にチェックしてください。

◎	○	△

1　自分のしたい仕事を知っている。

2　できそうな仕事を知っている。

3　仕事のことで相談できる人をしっている。

4　履歴書の書き方を知っている。

5　自分の労働条件の譲れない部分を知っている。
（労働時間、休日特に受診日の確保）

6　面接に行くときにきっちりとした服装（汚れていない服）
身なり（髪型、きっちり洗顔した顔）で臨める。

7　面接時に適切な挨拶ができる。

8　労働時間について、はっきりと相手に伝えることができる。

9　面接の場面できっちりと対応できる。

10　面接場まで時間に遅れず交通機関を使って行くことができる。

事例❹
本人に伝わる言葉を探す

本事例で使われているYOSHIDA'S METHOD きほんの"き"

① フェイスシートを十分に読み込む

⑨ コミュニケーションにおけるルールや考え方を知っているかどうか、実際に使えるかどうかアセスメントする

・考え方、ルールを知っているか

・対処行動を知っているか

・対処行動を実際に使えるか

⑰ クライエントに配慮して話す

・肯定的な表現、用語を使う

・アイメッセージを使う

・言葉の意味を理解できていない可能性を心に留めておく

・あらかじめ伝えておく（安心感を与える）

・視覚的手がかりを活用する

学びのポイント

障害の特徴などをふまえたコミュニケーションの方法を確認してください。本人に伝わる言葉を探す作業が大切になります。

クライエントの概要

Dさん／10代後半男性

療育手帳B１で、特別支援学校に在学中。

趣味はアニメ、漫画、ゲームで、学校には通っているが、内向的な性格から、なかなか自分から友達をつくれずにいる。家族のすすめがあり、卒業後は、就職を希望しているが、自分から挨拶や返事などをすることができない、わからないことを聞き返せないなど、自信がないので就職を躊躇している。

コミュニケーションを上手にとることができないことを心配して、母親とともに相談に訪れた。

母親は「はやく就職を」と焦っていたが、本人は友達をつくりたいという希望をスタッフに伝えることができた。Dさんは、「友達づくり」を目標に、精神科デイ・ケアに参加し、１年が経ったころから、根気を必要とする作業にも取り組むことができるようになった。その後、知的障害のある人が多く利用している就労継続支援B型事業所に通いはじめ、休日には友達と遊びに出かけるなどの時間を過ごしている。

会話（C：クライエント／W：支援者）

C（クライエント）	W（支援者）
C：①仕事がしたいです。 お母さんがしなさいと言っていました。	
	W：②お母さんからは、お話を伺いましたが、Dさんは、お仕事をしたいですか？ （同席していた母親にはいったん面談の席を外してもらう）
C：③……。	
	W：④仕事って、どんなことをするかわかりますか？
C：⑤……。 （こちらのほうをしっかりみているが、表情は乏しく、キョトンとしている。身体も硬く固まっている）	

支援者の思考	かかわりのポイント
Dさんは、「お母さん」の話をしているけど、Dさん自身はどう思っているんだろう。 本当にそう思っているのかな。 本人の希望を聞き出したいな。	知的障害のある人の場合、家族や支援者、教師が先回りをしてしまい、本人の希望が確認されていないことが多い。 家族や支援者、教師の意見が、本人の意思や希望と思われている場合が多く、本人に、本当は何がしたいのか確認することが大切になる。 本人も、自らの意思や希望が何かわかっていないことが多いので、本人のわかる方法で、その意思や希望をしっかりと確認する。ここでは、「Dさんは」と、あえて本人の名前を出したうえで、「お仕事をしたいですか?」と、その意思を確認している。「あなたの」意思を聞きたいということである。
	母親にはいったん席を外すよう促し、会話②に続けて、「仕事って、どんなことをするかわかりますか?」と「仕事」に対する理解についても確認している。
緊張しているのかな? 紹介状やお母さんの話からは、単純な会話はできるということだけど、緊張して話せないのかな? それとも、なぜ自分がここにいるのかわかっていないのかな? キョトンとしているけど、本当に仕事がしたいのかなぁ。 フェイスシートには「友達が欲しい」とあるけど、本当の希望が何か聞いてみよう。	本人の言語能力は、事前にアセスメントしておき、その内容をふまえて、本人が話せないときはその原因を考える。 本人が、支援者の言葉の意味を理解できていない可能性を心に留めておく。 支援者の言葉をどの程度、理解できるのか、または緊張のために話ができないのか確認したうえで、面談を進めていく。

W：⑥友達をつくりたいのかな？それとも、
仕事がしたいのかな？

C：⑦……。
友達欲しいです。
（10秒程度、無言が続いた後、支援者のほうに身体と顔を向け、ゆっくりと、しかし、かみしめるようにしっかりと話している）

W：⑧友達って、どういう友達かな？

Dさんが理解できるような言葉を探してみよう。 選択肢があったほうが答えやすいかな? フェイスシートに書かれていた友達の話題からはじめてみよう。	・会話②で、仕事に就く「意思」について尋ねても返事がなかったことから、ここでは、面談そのものの「目的」について確認している。事前にフェイスシートに目を通しておき、「友達が欲しい」という本人の希望について尋ねている。 ・本人が答えやすいように、あらかじめ選択肢を用意しておく。ただし、選択肢が多すぎても混乱してしまう。本人の特徴や個別性を考えた選択肢の数と内容を考える。B1(中度)なら、選択肢の数は2から3ぐらいが適切。 ・「どんなことをしたいですか?」というような、抽象的な表現を用いた会話は避ける。「あれ」「これ」「それ」などの指示代名詞の使用もできるだけ避ける。
ゆっくりだけど、一言一言かみしめるように、自分の言葉で話してくれた。 さっきまでは、周りをキョロキョロみながらだったけど、今はしっかりとこちらに身体を向け、私の顔をみながら話してくれている。 Dさんの本音がわかるな。	本人がどの程度、本気でいるのか確認できることが大切になる。 本人の意思や希望、本音が確認できたら、目標、そのとき取り組むことができる課題を考える。
Dさんは、どんな友達が欲しいんだろう。 Dさんの望む友人像が知りたいな。 それがわかると本人の望むスキルが提案できるのに。 この質問に答えてくれたらうれしいな。 言葉が理解しにくいようなら、もう少しDさんにわかりやすい表現に変えてみよう。 Dさんとの距離を縮めるために、もう少しくだけた言葉も使って反応をみてみよう。	本人の年齢や話し方などをふまえて、あえて、敬語を使わないこともある。相手が敬語を使うようなら、それに合わせる。 支援者の言葉に対する、本人の反応をアセスメントして、次の場面を組み立てる。 ここでは、「友達が欲しい」という希望をはっきりと確認することができたので、次のステップとして、その時点で本人の獲得できるスキルについて提案することを、あらかじめ考えたうえで会話を続けている。

C：⑨うーん。 （小首を傾げて、困ったように、口を少し開けている。支援者をしっかりみつめている）	
	W：⑩ゲームが好きって聞きましたが、どんなゲームが好きですか？
C：⑪◆◆◆です。 （間髪入れずに、はっきりとした答えがある）	
	W：⑫◆◆◆ですか？ へえ、◆◆◆って、楽しいですか？

Dさんの望む「友人像」が知りたかったのに、Dさんに伝わるような質問ができなかったのかな？ 言葉の選び方をもう少し考えないと。 こちらをみてくれているので、まだ集中力は落ちていない。言葉の理解が問題かな。	・本人に伝わる言葉を探す作業が大切になる。 会話⑥の「かかわりのポイント」で示したように、本人に伝わる表現の方法を考える。本人の表情、行動をふまえて、言葉の選び方、伝え方に修正を重ねていく。 一方的なコミュニケーションにならないよう、反応を確認しながらの面談を心がける。 ここでは、学校で友達をつくりたいのか、それともゲームや漫画といった趣味を通じた友人が欲しいのか、より具体的な聞き方をするほうが適切。
Dさんの一番好きなものを聞き出して、会話の糸口をみつけたいな。	共通の話題づくりのために、まず本人の好みの把握に努める。 情報収集は欠かせない。集めた情報から本人が最も興味のありそうな話題を提案する。本人が得意とすること、好きなことを話題とすると会話が成立しやすい。それらをコミュニケーションの糸口とする。
しっかりと返事があった。 表情も楽しそうだ。 これをきっかけに話を広げられるといいな。	本人の心に寄り添うために、会話を掘り下げる作業をしていく。 情報収集の大切さがわかるのがここのポイント。まず本人の好みをきっかけに会話を広げる。
Dさんの「好き」という気持ちを大切にしたいな。この質問になら、きっと応えてくれるだろう。 本人の「◆◆◆です」という気持ちのこもった言葉を大切にしよう。	・知的障害のある人との会話では、感情を確認する作業が大切である。好き嫌いなどの感情は、特に話のきっかけになる。 支援者の「楽しいですか？」という問いかけは、笑顔をそえるなど、できるだけ大げさなアクションのほうが伝わりやすい（視覚的手がかりの活用）。

C：⑬うん、楽しいよー。 （これまでで一番大きな声で、表情もいきいきと、身体ものり出してきている。手も動いている）	
	W：⑭そうなんですね（笑顔）。 ◆◆◆って、そんなに楽しいんですね。いつもは誰とゲームをしているんですか？
C：⑮うん、今は１人。 （寂しそうに目線を落として、急に声も小さくなる）	
	W：⑯そうですか。 寂しいですね。一緒にゲームができる友達が欲しいですか？
C：⑰はい、一緒にゲームをしてくれる友達が欲しいです。 （しっかりと支援者のほうを向き、大きな声と表情、机に手をついて身体をのり出している様子から、一生懸命さが伝わる。その手にも力がこもっている）	
	W：⑱そうですね、一緒に、友達のつくり方を考えましょうね。

	・本人の言葉を「大切にする」とは、本人の発する言葉の背後にある「気持ち」に共感するということである。ここでは、◆◆◆というゲームが「好き」と、好きなことをはっきりと教えてくれたその姿勢を大切にする。
本人の「楽しい」っていう気持ちは大事だ。好きなものの話題から、会話を進めていこう。表情からも、声からもDさんの「うれしい」「楽しい」という気持ちが伝わってくる。	本人が、心から楽しく思っていることが聞き出せたら、それに本人の希望をリンクさせると、本人にも支援者にもわかりやすい支援の方向がみえてくる。
「そうなんですね」という言葉から、私が共感していることが伝わればいいな。 そのあと、友達づくりについて話ができるような、ここできっかけになる言葉を投げかけてみよう。	支援者の共感が、本人に伝わると、心の扉を開けてくれる第一歩となる。
感情の動きがわかりやすい。 でも、これだけ素直なら、スキルが身につく可能性は大きいな。	障害の特性に目を向けるだけでなく、本人の性格にも着目し、身につけられる可能性も考慮しながら、提供するスキルを考える。
Dさんの感じている寂しさも共感したい。 ここはあえて、友達づくりについて聞いてみよう。Dさんの希望を話してもらえるといいな。	「楽しい」「寂しい」という感情を、具体的に話すことで、本人の希望に直結した会話になりやすい。
うん、やっと、自分の希望を言葉にできたな。 これから、友達づくりのためのスキルを提供できればいいな。	本人が、自身の希望を言語化することができたら、次に、その目標を叶えるための、本人が習得できるスキルの提供を考えることになる。
ここは、こちらの「本気度」を伝える場面だ。	本人の意欲に対する、支援者の「本気度」を示す必要がある。大きな声で話す、身振りをオーバーにする、満面の笑顔をつくるなどによって、よりいっそう伝わるようになる。

C：⑲はい。 （まっすぐ支援者のほうを向き、笑顔もみえる）	
	W：⑳（資料を出しながら）ここに、相手に、どんなことを話しかけたらいいか、まとめた表があります。初めて会った人とでも話すことのできる話題について一緒に考えましょうか？
C：㉑はい。 （興味があるのか、資料を手に取り、身体をのり出すようにして、一生懸命に読んでいる）	

やる気と、興味をもっているのがわかるな。もう少し進んでみようか。	本人の興味、やる気がみえたら、資料を用いるなどして、獲得したい新たなスキルを示し、自己選択を促す。
Dさんが自分で選択できるようならいいな。	本人が自己選択できるよう、視覚的な資料を提示することが望ましい。 ここでは、SSTで用いる自己開示の表を示した（135ページ）。 本人が理解できないようなときは、説明を加えながら使用する。
興味のあることに貪欲になってきたな。 （自己開示の小さい）天気や季節を話題にした挨拶を、SSTのロールプレイでできるようになるといいな。	適切な自己開示は、適切なコミュニケーションを促す。どのような内容を、どの程度、開示することが望ましいのかは、時間や場所、相手との関係による。どのような場合に、どのような自己開示が望ましいか知っておくことが大切である。 天候、季節の催事や行事、スポーツなどは、初対面の場合であっても話すことのできる、自己開示が小さいテーマである。

YOSHIDA'S METHOD ★

① フェイスシートを十分に読み込む

◆事前に、フェイスシートに十分に目を通しておく。本事例の場合、クライエントは最初、「仕事がしたい」という希望を伝えているが、就業に対する意思や、仕事に対する理解を支援者が尋ねても答えがなかった。支援者は、フェイスシートに記入されていた「友達が欲しい」という情報をふまえ、本人が理解できるような表現を探しつつ、その希望を確認していこうとしている。

⑨ コミュニケーションにおけるルールや考え方を知っているかどうか、実際に使えるかどうかアセスメントする

◆会話②では、本人の「仕事がしたい」という言葉をふまえ、その仕事に対する理解（本人が、仕事とはどのようなものか、どのようなことをするのか知っているかどうか）をアセスメントしようとしている。

⑰ クライエントに配慮して話す

◆コミュニケーションにあたっては、抽象的な表現、「あれ」「これ」「それ」などの指示代名詞、意味を類推させるような表現の使用はできるだけ避け、具体的で、簡潔な表現を用いる。また、主語と述語を明確にした文を用いる。

◆本人が答えやすいように、あらかじめ選択肢を用意しておく。ただし、選択肢が多すぎても混乱してしまう。特徴や個別性を考えた選択肢の数と内容を考える。B 1（中度）なら、選択肢の数は 2 から 3 ぐらいが適切。

◆事前に、本人に関する情報やその状態を把握したうえで、その特性や状態をふまえて、コミュニケーションの方法に工夫をこらす。

自己開示

事例❹では、Dさんに対し、コミュニケーションの方法の1つとして「自己開示」を提案しています。自己開示とは、自らに関することを相手に話すことをいい、趣味や嗜好、過去の経験などを相手に伝えることで、相手も、同じようなことを話してくれやすくなります。その結果、互いに対する理解が深まる、相手との信頼関係が構築されていくなどが期待できます。適切な自己開示は、適切なコミュニケーションを促します。どのような内容を、どの程度、開示することが望ましいのかは、時間や場所、相手との関係によります。どのような場合に、どのような自己開示が望ましいかあらかじめ学んでおくことで、コミュニケーションにつながります。

自己開示が小さい話題	誰とでも話せる、初めて会った人でも話せる話題 例：好きなスポーツや趣味
自己開示が中くらいの話題	少し親しくなってから、何度か顔を合わせている人と話せる話題 例：自分の経験や家族のこと
自己開示が大きい話題	信頼のおける人だけに話せる話題 例：悩み事や病気のこと

YOSHIDA'S METHOD ＋α ★★★

◆知的障害のある人の場合、家族や支援者、教師が先回りをしてしまい、本人の希望が確認されていないことが多い。家族や支援者、教師の意見が、本人の意思や希望と思われている場合があり、本人に、本当は何がしたいのか確認することが大切になる。家族や支援者の影響が大きく、本人の「楽しい」「寂しい」といった感情とともにその人の希望がみえてくることが多い。

◆本人も、自らの意思や希望が何かわかっていなかったり、自己決定を家族に委ねていたりする場合があり、本人の理解できる方法で、その意思や希望をしっかりと確認する。

◆面談にあたっては、本人に関する情報（年齢、生活歴、本人の言語的理解度、普段の生活、人間関係、興味をもっていること、本人のうれしいこと、悲しいこと）について把握する。

◆共通の話題づくりのために、本人の好みの把握に努める。情報収集は欠かせない。集めた情報からクライエントが最も興味のありそうな話題を提案する。本人が得意とすること、好きなことを話題とすると会話が成立しやすい。

◆知的障害のある人との会話では、感情を確認する作業が大切である。好き嫌いなどの感情は、特に話のきっかけになる。

◆本人の言葉を「大切にする」とは、本人の発する言葉の背後にある「気持ち」に共感するということである。

◆本人が、心から楽しく思っていることが聞き出せたら、それに本人の希望をリンクさせると、本人にも支援者にもわかりやすい支援の方向がみえてくる。

◆本人の希望がわかったときは、やや大げさなアクション（身振りや手振り、大きめの声、笑顔）で本人の気持ちのサポートをする。視覚的な手がかりを活用する。

GOサインとNO-GOサイン

日常生活で、人はGOサイン、NO-GOサインを出したり、読み取ったりしています。

GOサインとは、相手が（こちらの）話に応じる用意があるという合図のことをいいます。一方、NO-GOサインとは、今は（こちらの）話に応じたくないという相手の合図のことをいいます。

相手の示すGOサインとNO-GOサインを見極めることが上手にできると、人付き合いがうまくいくようになります。

表　GOサインとNO-GOサイン

	GOサイン	NO-GOサイン
視線	目をあわせる	目をそむける
表情	興味深そうな表情をする	たいくつそうな表情や迷惑そうな表情をする
身体の向き	身体をこちらに向けて身をのり出してくる	顔や体がこちらを向いていない
態度	うなずく あいづちを打つ 質問をしてくる	下を向いて黙っている 時計をみたり、そわそわしたりする

相手がNO-GOサインを出していたら、機会を改めたり、途中で切り上げたりします。わかりにくいときは、「話しかけても（話を続けても）よいですか？」と確認してみます。

事例❺

就労を望んでいる本人に社会資源の情報を提供しリハビリテーションの目標を共有する

本事例で使われている YOSHIDA'S METHOD きほんの"き"

⑩ **ふれにくい課題でも正面から理由を聞いてみる**

⑪ **提案するときは相手の目をしっかりみる**

⑫ **「あなたが頑張るなら、私はお手伝いします」のスタンスでいる**

⑭ **グループワークを活用する**

⑮ **社会資源を活用する**

学びのポイント

就職した友人をみて、就労を考えはじめたクライエントに対し、その友人と自身との「違い」に気づいてもらい、希望を実現するために、自身に何が必要か考える機会を設けています。自身の状況を把握し、希望の実現に向けてどのようなスキルの獲得が必要か、そのためにどのようなリハビリテーションが必要であるのか、自己決定を通じて目標をみつけています。

クライエントの概要

Eさん／30代男性

大学在学中、統合失調症を発病。急性期に複数回の入院歴があるが、いずれも数日の入院で症状が落ち着き、退院している。症状として被害妄想や幻聴がある。通院歴は10年程度、病識はあり、服薬や通院に対する抵抗はなく、現在は、症状が落ち着いている。

障害者雇用枠で就職できた友人の影響で自分も就職したいと希望するようになった。精神科デイ・ケアには週5日参加。就労継続支援B型事業所や地域障害者職業センターの職業準備支援の見学に行くものの、これまでは、「まだ自信がない」と話していた。多くの人とかかわることが苦手で、単純作業が得意。

本人から主治医に、就職したいと事前に相談をしており、主治医からは、症状は安定しているので、就労については本人の意欲が出てくればリハビリテーションをはじめてよいとの指示がある（就労経験がないので、まず体力をつけるためのリハビリテーションなどから）。また、デイケアのスタッフに一度自分から相談するようにといわれていたが、実際にはEさんから相談はなかった。一方、スタッフはEさんの希望について、主治医から情報の提供を受けていた。

事前に主治医の方針も確認し、面談となった。

なお、1週間ほど前から、グループワークのメンバーとの間で、就職したいと話をしている。

面談から半年後、ハローワークに求職申し込みの手続きを行い、地域障害者職業評価を受けることになった。3か月の職業準備支援を受け、3年目に障害者雇用枠で製薬会社に就職することができた。

会話（C：クライエント／W：支援者）

C	W
C：①……。 （下を向き、身体を硬くしたまま1分以上が経過している。話しかけようとしているのか、時々身体を揺らしているが、緊張のためか、表情はどんどん硬く、赤くなっていく。呼吸も浅く、回数が多い）	
	W：②それでは、こちらから質問させていただきますね？
C：③はい。 （まだ、身体に力が入っていて緊張が取れていないが、顔を上げ、しっかり支援者をみている。声は小さいが、しっかり答えている。返事の後に、大きく息を吐き、緊張が緩んだのか、身体の力も抜けている）	
	W：④友人のJさんのように就職したいと話をされていましたが、私は、Eさんに向いた方法を一緒に考えたいと思っています。 JさんとEさんの違いは何だと考えていますか？
C：⑤うーん……。 （考えているのか、目を閉じ、無言のまま。ただし、身体を支援者のほうに向け、一生懸命考えているのがわかる）	

支援者の思考	かかわりのポイント
もともと話をしてくれない人だけど、１分以上無言のままだな。 緊張が強いし、ここでこちらから話しかけないと今日の面談はできないな。 いつもなら、本人の言葉を待つところだけど、これ以上は限界かな。	
	面談においては、症状や服薬の影響で思考が遅くなっていることを考慮し、本人が自分から話しはじめるのを待つ（30秒程度）ことが基本である。 今回の場合、本人が多くの人とかかわることを苦手としているにもかかわらず面談にのぞんだこと、呼吸すらうまくできない様子であることから、支援者から話しかけて緊張を解くようにしている。 ただし、支援者が、本人の代理をしてしまわないように心がける。
よかった。Eさんの集中力は途切れていなかった。この「はい」という意思表示を大切にしたいな。	緊張して、自分から話し出せないであろうことは想定しておく。 これまで、スタッフに相談することもなかったのにもかかわらず、途中で挫折せず、時間がかかっても相談に取り組む姿勢を評価する。 「はい」という、短いが、はっきりとした意思表示を大事にする。
いきなり本題に入って反応をみてみよう。 自分から話をしようとすると、また緊張してしまうかもしれないし、あえて面談の用件をストレートに尋ねてみよう。	「EさんとJさんの違い」を尋ねたのは、本人が、自身の置かれている現状をどの程度、正確に把握しているか、その能力をアセスメントするため。
ここは、しばらくEさんの返事を待ってみよう。 「Jさんとの違い」について、自分で考えて答えを導き出すことができれば、それ	本人の考える姿勢を大切にする。沈黙は、支援者の「あなたの意見を尊重したいと思っています」という、本人に対するメッセージにもなる。

C：⑥あ、J君は、デイケア以外に毎日、作業所にも行っていました。	
	W：⑦ええ、とてもよい点に気がつきましたね。
C：⑧そうですか？ （顔を赤くして、頭をかき、少し照れた様子だが、うれしそうな表情をしている）	
（一生懸命、支援者の言葉を聞こうとしている。身体は前のめりになり、瞬きの回数も減っている）	W：⑨ほかには、何がありましたか？

はEさんの力だ。 さっきは、待ちすぎて緊張が強くなってしまったから、ここでは「待つ」のは30秒程度。答えが出なかった場合は声をかけよう。 待っている間も本人の緊張が強まっていないか、症状が出はじめていないか見極めが大切だな。	ただし、この場合は、本人の返事を待つ時間を30秒程度とした。本人に10年以上の服薬歴があり、思考処理能力が落ちている可能性を考慮した。また、待ち過ぎると、緊張が強くなり、症状があらわれてしまうことも心配した。 返事を「待つ」には根気が求められるし、「これでよいのか」と不安を覚えることもあるが、信じて待ってみよう。
これまで、自分から発言するようなことはなかったのに、「自分とJさんとの違い」を客観視できた。これを大切にしたいな。	返事ができた本人の意思や、勇気を称賛する言葉を探して本人に伝える。 声を普段より大きくし、表情やジェスチャーを伴うことができればなおよい。本人のよいところをストレートにほめるのは、SSTのテクニックのひとつでもある。
照れながらも、うれしそうにしているな。 緊張している様子もみられないようだし、ここからEさんの真剣さを確かめる会話ができる。心の扉を開いてもらえたかな。	日本人はほめることも、ほめられることも得意としていないといわれるが、本人の、本気でほめられ、「照れくさい、でもうれしい」という、自分を認めてもらえる感覚を大事にする。
この問いかけに対する答えで、Eさんが、どこまで自身の現状や、Jさんの現状を客観的に理解しているかわかる。 Jさんが毎日作業所に通っていたことをわかっているのなら、自分がどう変わったらよいか考えてくれていればうれしいな。 初めて自分から相談したいと言って、不安や緊張もあったなずなのに、一生懸命考えているEさんの本気さを感じる。 ほめたことの効果もあったのかな。 ほめられていることを受け止められる、感情の豊かさも評価できる。	就労継続支援B型事業所に定期的に通うという、Eさんとの違いに気がついたことを認める。 Jさんが毎日作業所に通っていたことを知っていた（情報を受信していた）こと、それを自身との「違い」として気がついたことを認めてほめる。 また、「ほめられた」「認められた」ことを、Eさんが感情を伴って受け止められたことも、しっかりアセスメントする。 本人が、情報をどのように理解できたのか、感情面での変化があったのかなかったのか、あったとすればどのような気持ちをもったのか、またその気持ちを表現で

C：⑩うーん。SSTと職業準備支援に通っていました。

W：⑪いろいろ知っていますね。

（照れくさそうに、顔を赤らめているが、顔は支援者のほうを向き、歯がのぞく笑顔がみられはじめた。笑顔が出たせいか、身体からは力が抜けている）

W：⑫Jさんは、SSTで何を学んだと言っていましたか？

C：⑬うーん、人との会話や、仕事に行くための準備の練習。
（緊張がとれたせいか、声も大きく、自信のあるしっかりした口調で話している）

W:⑭そうです。よく理解されていますね。

	きたのか、アセスメントする。 症状が出ているようなときや、服薬の影響があらわれているときは、感情面での理解が乏しかったり、感情を表出できなかったりすることが多い。 障害の特性や、性別により、論理的に訴える、または感情に訴えるその割合を変える必要がある。
Jさんの話をかなり聞いているな。 でも、どこまで正しく理解しているのかな？ ただ、いつもなら、ここまで自分からは話さないなあ。Eさんには、自分もSSTと職業準備支援に通うイメージがあるのかもしれない。 今は、知識があることを素直にほめてみよう。	複数の情報を収集できたことについて、本人を認める。ただし、それらを正しく理解しているか、ここで確認したい。 クライエントとの間に、まだ、信頼関係を築くことができていない場合は、クライエントの状況を認め、ほめることが有効。
笑顔がみえて、緊張がとれてきたんだなあ。身体からも力が抜けてきている。 少し心理的な距離が近づいてきたのか。 次は、もう少し具体的な質問をしていこう。 Eさんがこれからはじめる、体力をつけるためのプログラムを提案していきたいな。	情報を受け取ることができているという受信技能を確認して、次に、正しく情報を処理（理解）できているか確認する作業に移る。
まず、SSTの内容を理解できているかどうか聞きたいな。	SSTの内容を理解（＝情報の処理）できているかどうかをアセスメントする。情報の処理ができているかどうかで、次の質問や対応が変わってくる。
うん、要点だけだけど、ポイントをおさえて理解しているな。それを言語化して返事ができている。	ここから、本人の就労に対する理解の程度と、本人の希望とを照らし合わせていく作業が開始する。

	W：⑮ところで、就職のためにEさんは何をしたいですか？
C：⑯人とのかかわりと、仕事に就くうえで必要なことを知りたいです。 （真面目な表情で、はっきりと答えている）	
（支援者をしっかりみつめ、その言葉にうなずきながら、一生懸命聞いている）	W：⑰そうですね。 いい考えですね。
	W：⑱それには、何ができますか？
C：⑲SSTと自分のできる仕事が何か知りたいです。 （少し首をかしげつつ、はっきり答えている）	

Eさんの希望である「就労」というところに興味があって話を聞いていたんだな。 Eさんの力や本気さに対して敬意を払いたいな。	情報の処理、送信が正しくできていることを評価する。 この場合のほめ方も重要で、相手を大切にし、本人が好む言葉を探し出す必要がある。 幼い子どもに対するような言葉づかい、接し方では、本人が見下されていると感じる場合もある。相手の尊厳を大切にするとともに、そのことが伝わるような言葉を選ぶ。 普段から、本人の好む言葉を把握しておくことも必要である。
Eさんが自分の希望を叶えるために、どのようなリハビリテーションが必要か、自身の状況を含めて客観的に把握することができているか見極めたいなあ。	ここは希望志向で本人の話を聞く。 一方で、自身の状況をどのように把握しているか、希望の実現に向けてどのようなスキルの獲得が必要か、そのためにどのようなリハビリテーションが必要なのかなどについて、本人が客観的に捉える視点をもっているかどうか確認する。
しっかり考えてるな。 これなら、具体的な提案ができるかなあ。 はじめての面談で、このぐらい具体的に考えていることは十分評価できるな。	
Eさんが自己決定ができたことを、こちらが認めていると、ちゃんと言語にして伝えたいなあ。	本人が自己決定ができたことを評価する。 感情を込めた賞賛の言葉をかける。
	具体的な提案が、本人からどこまで出てくるか、心の扉を開いてもらう作業である。 本人から、具体的な提案が出てきたら、リハビリテーションについて提案する。 本人の能力のアセスメントと、本人がどの程度本気であるのか把握することが大切になる。
自分の「わからないこと」がよくわかっている。	

	W：⑳わかりました。まずSSTで人とのかかわり方を身につけてから、ハローワークに求職登録して、地域障害者職業センターの職業評価を申し込みましょう。
C：㉑僕にできますかね？ （少し不安が出てきたようだが、しっかり支援者のほうをみて話している）	
（うなずきながら聞いている）	W：㉒大丈夫ですよ。 SSTで、ハローワークの利用の仕方も練習しますので。
C：㉓できますか。 （念押しを求めるように、尋ねてくる）	
	W：㉔できます（しっかりうなずく）。もしも、難しそうなら相談してください。
（支援者のほうに顔を向け、はっきりと首を縦に振る。意思が伝わる）	
	W：㉕無理をしないで、徐々に進めていきましょう。
（大きく首を縦に振る様子がみえる。肩の力が抜けたように、笑顔がみえる）	

Eさんの希望をふまえて、情報提供をしてみよう。 Jさんから聞いてはいても、いざ自分が申し込むとなると、きっと「職業評価」という言葉に戸惑うだろうなあ。 でも、「知らないこと」を身につけるための用意として話しておこう。	支援者には、クライエントから、具体的な希望が出てきたら、それらを叶えるための社会資源について、説明することが求められる。クライエントから出されるさまざまな質問や希望に答え（応え）られるよう、社会資源や社会情勢について日ごろから情報を収集し、それらをいつでも提示できるように、多くの引き出しを用意しておく。 クライエントの課題に対し、現実的な可能性のある解決策を提供することが大切。
やっぱり、経験がないからか、少し不安がみえるな。 でも、まだくじけてはいないな。	経験のないことは、誰でも不安になる。クライエントの抱く不安に対し、支援者の「支える気持ち」が大切になる。
Eさんは、不安を吹き飛ばす言葉が欲しいんだろうな。しっかり、「大丈夫」と伝えて、Eさんの気持ちを支えよう。 信頼関係が深められるといいな。	本人が不安の言葉を口にするのは、本当に不安なときと、不安を吹き飛ばしてほしいときがある。 「大丈夫」という言葉は、本人の不安を吹き飛ばすように言い切る。こうすることで、安心を与える。
Eさんの不安を、ちゃんと受け止めよう。	本人の不安をしっかりと受け止めるという、支援者の気持ちを言葉に込める。本人と同じ目標を共有する。
	会話⑳から㉕までのやり取りを通じて、「地域障害者職業センターの職業評価を受ける」という目標の設定とともに、「ハローワークに求職登録をする」という短期目標を本人と共有することができた。 本人の安心できる言葉をかける。 本人のハードルを下げるとともに、支援者の短期目標としてスモールステップを設定する。

⑩ ふれにくい課題でも正面から理由を聞いてみる

◆事例❺では、面談の冒頭、まだ緊張感を残すEさんに対し、就労につながった友人と、本人との「違い」について、「JさんとEさんの違いは何だと考えていますか」と直接、確認している（会話④）。Eさんは、友人が就職したことで、「自分も……」という希望をもっているはずである。友人と自分自身との「違い」について向き合ってもらうとともに、本人が、自分自身の置かれている現状をどの程度、正確に把握しているか、その能力をアセスメントする。これは、事前に主治医から「症状は安定している」「本人の意欲が出てくればリハビリテーションを始めてよい」という指示があったからこそ、できた質問である。友人は就労継続支援B型事業所に通うことで、就労に対する準備性を高めていたが、Eさんはそこまでには至っていない。相談に来ただけで、就労につながるわけではなく、支援機関に通うことなどを通じて、職業準備性を整えることの必要性に気がついてもらう。

◆「職業準備性」とは、就労にあたって、必要な準備が整っていることをいう。例えば、職業生活をはじめるには、基礎的な体力があり、基本的な生活の基盤である、医療（衣料）、食事、睡眠、住居、金銭（管理）が整っている必要がある（YOSHIDA'S METHOD ⑦）。また、仕事に対する意識、上司や同僚とコミュニケーションを図るための能力、業務に必要な技術の獲得なども求められる。具体的には、「健康管理」「日常生活管理」「対人スキル」「基本的労働習慣」「職業適性」の5つをいう。

⑪ 提案するときは相手の目をしっかりみる

⑫ 「あなたが頑張るなら、私はお手伝いします」のスタンスでいる

◆事例では、会話⑯、⑲で、本人が真剣に、就労に向けて取り組もうとしていることがわかる。本人の能力と、どの程度本気であるのか把握することが大切になる。会話⑯、⑲を受け、支援者は、会話⑳で具体的に、ハローワークでの求職登録、地域障害者職業センターの職業評

価について提案し、また、会話㉒、㉔、㉕で繰り返し、励ましの言葉をかけている。

⑭　グループワークを活用する

◆事例❺では、SST を提案している。具体的な場面は紹介していないものの、グループワークを利用することによって、メンバー同士のかかわりを通じた効果が期待できる。

◆面談で、本人から希望を引き出す、本人の、情報の受信・処理・送信の技能、希望の目指し方、現実検討能力をアセスメントすることで、有効なグループ運営につながる。

⑮　社会資源を活用する

◆支援者には、クライエントから、具体的な希望が出てきたら、それらを叶える社会資源について、説明することが求められる。
クライエントから出されるさまざまな質問や希望に答え（応え）られるよう、社会資源や社会情勢について日ごろから情報を収集し、それらをいつでも提示できるように、多くの引き出しを用意しておく。クライエントの課題に対し、現実的な可能性のある解決策を提供することが大切になる。自分の機関の強みを知り、活かす一方、自身の機関ではクライエントの希望に応えることが難しい場合には、関係機関と連携することで相談を深めることができる。例えば、地域にある事業所に見学に行く、職能団体などが主催する研修会に参加するなどによって、利用するための窓口、具体的な手続きや利用方法、支援内容などについて確認しておくことが望ましい。

YOSIDA'S METHOD ＋α ★★★

◆本人の考える姿勢を大切にする。緊張感を残すＥさんに「ふれにくい課題」について「正面から」尋ねている。Ｅさんの負担を考えると、支援者は「待つ」勇気をもたなければならない。面談の際、こちらの問いかけに対して、返事がない場合でも30秒程度は待つようにする。長年の服薬で思考の処理が遅くなっている可能性がある。沈黙は、「あなたの意見を尊重したいと思っています」という、支援者の大切なメッセージになる。

◆一方で、本人に幻聴などの症状が残っている場合、考える時間が長くなってしまうと、幻聴に聞き入ってしまうようなことがあるため、注意が必要である。

◆改めて指摘するまでもなく、相談援助にとって、アセスメントはきわめて大切な要素である。本人の、動機づけ、意欲、生活習慣、理解度、情報の受信技能・処理技能・送信技能（正しく情報を受信、処理、送信できているかどうか）をアセスメントする。

◆事例❺の場合では、クライエントが他者との違い（Ｊさんが就労継続支援Ｂ型事業所に毎日通っていること）に気がつけたこと（情報の受信）、また、支援者にほめられたことを感情として受け止められたこと、その際、感情を表情で表出できたことも見逃さずに把握（アセスメント）しておきたい。

◆本人のコミュニケーションの特性を把握しておく。論理的に話すほうがよいのか、感情的に話すほうがよいか、その割合も見分けながら進める。

◆本人とのやり取りでは、少し大げさと感じるくらい、身振りや手振り（ジェスチャー）を添えてみる。はじめはとってつけたようになってしまい、気恥ずかしさを覚えたり、難しいと感じたりするかもしれないが、気持ちを込めると自然と身振りや手振りがついてくる。
電話で謝罪する際、相手がみえないのに、頭を下げているあの感じである。本当に謝りたいという気持ちになると、自然と頭が下がる。また、頭を下げたほうが相手に気持ちが伝わり、相手もその様子を目に浮かべるのではないだろうか。これは対人技能にも通じるものである。

◆本人にとって、適切で、実現可能性の高い課題を提供する。本人のハードルを下げるとともに、支援者側の短期目標としてスモールステップを設定する。本人との間で、同じ目標を共有する。

◆地域障害者職業センターで行われる職業評価では、就職の希望などを把握したうえで、職業能力等を評価し、それらをもとに、職業リハビリテーション計画を策定する。作業検査、心理検査、ワークサンプルなどをふまえ、セールスポイントや、力を発揮することのできる職場環境を理解するほか、安定して働くために必要な支援内容（支援ポイント）を整理する。職業リハビリテーション計画では、作業検査の結果などにもとづいて、就職、職場適応、復職を目指した具体的な取り組み（就職までの目標、職場定着のための留意事項、就職活動の方策、利用するサービスメニュー、支援機関など）がまとめられる。

事例❻

本人の希望から実現可能な行動をみつけ、社会移行に結びつける

本事例で使われているYOSHIDA'S METHODきほんの“き”

⑩　ふれにくい課題でも正面から理由を聞いてみる

⑮　社会資源を活用する

クライエントの概要

Fさん／50代男性

グループホームに長期にわたり入所しており、精神障害者保健福祉手帳のほか、身体障害者手帳をもっている（日雇い仕事をしていたときに指を2本欠損。日常生活に支障はない）。

家族とは音信不通で、日雇いの仕事を失ってから、ホームレスになった経験があり、現在は生活保護を受給している。措置入院の後、1年ほどで陽性症状が落ち着き、入院から5年後、退院促進事業の一環で退院

学びのポイント

クライエントから示された「本音」に対し、支援者は、その場では答えを示すことができません。クライエントの自尊心を取り戻すには、支援者が支援に向き合う「覚悟」が大切になること、意外なものがその希望になり得ることをみてください。

した。幻聴等の症状は残っているが、病識はあり、病気とうまく付き合っている。

現在は、グループホームから精神科デイ・ナイト・ケア、就労継続支援B型事業所に定期的に通っている。事業所ではミスもなく決められた時間、作業を続けることができる。温厚で口数は少ない。深いかかわりのある友人、知人はいないものの、対人関係で目立ったトラブルもない。

就労意欲はあるが、B型事業所以外の事業所で働きたいという希望はない。グループホームを退所してアパートを借りられるだけの敷金の用意はあり、市からもグループホームの退所、アパートでの自立生活をすすめられているが、本人はなかなか踏み切れず、躊躇している。

グループホームを出て、自立生活を送ることを強く拒否している理由がわからず、面談の機会をつくる。

1年後、Fさんは、「ちゃんとしたレストラン」に食事に行く（本文参照）ことで、失っていた自尊感情を取り戻すことができたのか、グループホームを退所し、アパートを借りて生活するようになった。1か月に1回程度の頻度でデイケアを利用し、就労継続支援B型作業所に通いながら、社会生活を送っている。

会話（C：クライエント／W：支援者）

C	W
C：①……。 （硬い表情のまま、下を向いている）	
	W：②Fさん、昨日、生活保護課のKさんとの面談で、自立生活の話が出ていましたが、なぜ断られたのですか？
C：③……。	
	W：④アパートを借りることに何か不安がありますか？
C：⑤うん。 （身体をしっかり支援者のほうに向けている）	
	W：⑥具体的に教えていただけませんか？
C：⑦言ってもわかってもらえない。 （顔を前に向け、はっきりした口調）	
	W：⑧どのようなことでしょうか？ Fさんの話を聞いて、私も一生懸命、解決策を考えたいと思っています。

支援者の思考	かかわりのポイント
確か、生活保護課のKさんとのこれまでの面談では、グループホームを退所して、アパートで自立生活を送ることを了解していたはず……。症状も落ち着いているし、服薬についても1年以上自己管理ができている。 病識もあって、主治医との関係性もいい。訪問した際の様子からは、退所後の通院にも支障がないように生活が送れるように思えたし……。 理由がわからないので、聞いてみよう。	理由がわからないときは、クライエント本人に尋ねてみる。ただし、生活歴は、あらかじめ提出されたフェイスシートなどがあれば事前に確認しておく。
もともと寡黙な人だし、何について悩んでいるのか想像できない。	
そういえば、あまり本音を聞いたことがなかった。もう一度深く掘り下げて聞いてみよう。	わからないことは素直に聞いてみる。 その返事から対応を考える。 本人が言いたくないということと、支援者との信頼関係が築かれていないために、話をしてもらえないということとは大きく異なる。
何か、吐き捨てるような言葉だ。 Fさんの本心を、これまでちゃんと聞いてこなかったことを素直に認めて、こちらが本気であることをわかってもらえればいいな。	
	クライエントが投げやりな態度をみせるようなら、支援者は、支援者自身が真剣であることを言葉と行動で表現する。

C：⑨ホームレスにまで落ちて、家族とも音信不通。身体も十分には動かない。精神科にも一生通わないとならない。こんな自分に夢なんかもてない。アパートを借りても、ほかの人からは普通扱いされないと思う。それだったら、ここで同じ人といたほうがいい。 （顔を支援者のほうに向け、思いを吐き出すように、一言一言をはっきりした口調で言う）	
	W：⑩そんなことを考えていたんですね。
	W：⑪ごめんなさい。 とても真剣な悩みなので、今日の面談はここまでにさせてください。 他のスタッフと相談して、少しでもFさんの力になれる方法を、私なりに考えてきます。
C：⑫お願いします。 （短いが、はっきりとした返事が返ってくる）	
	W：⑬Fさんも、できれば、希望や、してみたいことを考えてみてください。
C：⑭はい。 （支援者の顔を見て、しっかりと返事をしてくれる）	

Fさんが、ここまで本音を話してくれたことに敬意を示さないと。	
……ショックだ。 Fさんが、ここまで思い詰めているとは思いもしなかったし、適切な返事もできなかった……。 今できる範囲で、希望をもてるようにしっかり考えたい。	必要な情報の提供や適切な助言ができないと感じる場合は、無理をせず、いったん面談を中止したうえで、自分の頭の中を整理し、考える時間をつくる。 本人の本音の言葉だけに、大切に受け止め、考える時間が必要になる。 自分の力量不足について本気で謝り、仕切り直す勇気も必要。
Fさんの「本気」がわかる深い言葉だな。 この短い言葉をしっかり受け止めないと。 ずっと誰にも言えずにいた悩みを、こちらのことを信頼してくれたからこそ、話してくれたんだろうなあ。	信頼関係を構築できるかどうかのポイントになる。 真摯に取り組む姿勢を示す。
わずかでも希望につながる何かを探す作業をしていきたい。 先月退所したLさんの話を聞いてみようか、それともスタッフとアパートの下見に行くとか。 訪問看護、居宅介護（ホームヘルプ）といったサービスがあることやそのしくみについて説明してみようか…。	本人の本音を把握できないと、社会資源を提供することはできない。 障害者総合支援法や介護保険法などに基づくフォーマルサービス、もしくはインフォーマルサポートなどを含めた社会資源の種類や利用方法を、本人の意向に応じてすぐに提供できるよう、支援者は、あらかじめ把握しておく必要がある。
Fさんの気持ちに応えたい。 でも、どんな答えが返って来るかわからない。 覚悟だけはしておこう。	本人との間に、信頼関係が構築されていなければ、サービスを提供することはできない。 一方で、提供するサービスは、本人に合っ

別の日

	W：⑮何か、自信につながるものや、何かやりたいことは思いつきましたか？
C：⑯うん、ちゃんとしたレストランで、ナイフ、フォークを使って食事ができたら、普通の人と変わらないかな？	
	W：⑰「ちゃんとしたレストラン」で食事をすることが、Fさんのご希望なんですね。
C：⑱ホームレスになって、そんなことは考えもしなかった。でも、社会に戻ることができるならもう一度ちゃんとした格好で、ちゃんとしたレストランに行ってみたい。昔、実家にいたころ、20年以上前に行ったきりだから。	

	たものでなければ、決して有効なものにはならない。 治療やリハビリテーションの方針と、本人の希望をすり合わせることが求められる。 なお、支援者の職種によって、クライエントに対するアプローチが自らの得意な分野に偏る可能性があるので注意する。

デイケアの担当職員やケースワーカーとの会議でいくつか提案を考えてきたけど、まずはFさんの希望を聞こう。 きっと、Fさんにとって自信を取り戻すために大切なことだから。 アパートでの単身生活のことかな？ 近隣の付き合い方ならSSTでできるかな。	本人の生活歴や人生観、症状によって、その希望は異なる。支援者が、一方的に決めてしまうようなことはあってはならない。
びっくり。驚いた。 Lさんの経験を聞く、アパートの下見をするまでは考えてきたけど、やりたいことが、ナイフ、フォークを使った、レストランでの食事なんて。 「普通の人」としてみられているという、体験や自信が大事なのかな。 「普通の人」に戻れるという成功体験をしたいんだなあ。	あらかじめ想定したもの以外の答えが本人から出てきたときは、支援者が、本人の視点に立ち返るタイミングである。
もう一度取り戻したい自分って、いろいろだなあ。 「普通の人」としてみられていた過去をもう一度と思って、きっと勇気を出して話してくれたんだろうな。ここは評価したいなあ。	自尊心を取り戻すための作業は大切である。 一方、本人の希望が実現可能なものであるかどうかを見極めることがその際のポイントになる。 希望を聞く作業はもちろん大切だが、その希望が病気の症状によるものか、また、本

	W：⑲うーん、そうですか。 スタッフと相談して返事をしますね。 ちゃんとした格好やちゃんとしたレストランについても考えないといけませんものね。
	W：⑳グループホームのメンバーみんなで一緒に考えましょうか？
C：㉑はい。	

	人の希望を聞くことが、本人にも○、他者にも○、社会的にも○となるかどうかを見極めることも必要になる。 ７割の能力、３割の努力（トレーニング）で達成できる目標が望ましいといえる。
頭の中が真っ白だ。 これから、どう進めていこうか。 １対１の相談では、一方通行になってしまうし、グループの力を使いたい。 生活保護を受給していることも配慮して、贅沢にならないように考えてもらおう。	妄想が出てきていないかどうか、主治医や他のスタッフと相談してから、スキルの提供について、グループワークを通じて考えていく。
Fさんの場合、グループホームのメンバーが、唯一本音で話し合える仲間のようだし、グループの力を使ってみよう。 グループワークを通じて、社会生活に必要なスキルの提供ができるようになるかも。	社会生活には、日常生活技能（リビングスキル）と社会生活技能（ソーシャルスキル）とが求められる。 ここでは、本人が本音を話すことができるグループの力を活用し、社会生活に必要なスキルを身につけられるようにした。

⑩ ふれにくい課題でも正面から理由を聞いてみる

◆わからないことは素直に聞いてみる。クライエントが言いたくないということと、支援者との信頼関係が築かれていないために、話をしてもらえないということは大きく異なる。

◆事例❻では、本人は、最低限の日常生活技能（リビングスキル）を獲得しているにもかかわらず、グループホームからの退所を拒んでいる。それには本人なりの理由があるはずである。支援者は、その理由にしっかり向き合う必要がある。

⑮ 社会資源を活用する

◆社会資源とは単にサービスや機関だけをいうのではない。さまざまな法律に基づく制度やサービスのほか、家族、友人、ボランティアなどの人的な資源も含まれる。事例❻では、本人が本音を話すことのできるグループホームのメンバーの力を活かし、社会生活に必要なスキルを身につけるためにはたらきかけようとしている。

◆社会資源については、すでに存在する制度・施策、専門機関などのフォーマルサービス、ボランティアなどのインフォーマルサービスだけでなく、意外なものも活用できる。本人の希望に応じて、柔軟に検討することが求められる。

◆障害者総合支援法や介護保険法などに基づくフォーマルサービスもしくはインフォーマルサポートなどを含めた社会資源の種類や利用方法などの情報を提供できるよう、あらかじめ把握、整理しておく。日頃から、施策の動向、地域の状況などを気に留めておき、情報の収集を怠らないように心がける。

YOSHIDA'S METHOD ＋α ★★★

◆適切な助言やアドバイス、必要な情報を、本人に提供できないと感じる場合は、無理をせず、いったん面談を中止したうえで、自分の頭の中を整理し、考える時間をつくる。その本音が示された言葉は大切に受け止め、考える時間が必要になる。自分の力量不足について本気で謝り、仕切り直す勇気も求められる。支援者のその姿勢は、信頼関係を構築できるかどうかのポイントになる。

◆自立した日常生活を送るために必要な技能を自立社会生活技能（Social and Independent Living Skill）という。自立社会生活技能は、①日常生活技能（リビングスキル）、②社会生活技能（ソーシャルスキル）、③疾病の自己管理技能に分けることができる。

日常生活技能：食生活・身だしなみ・金銭管理・公共機関の利用など

社会生活技能：感情や要求を他者に伝えるなど、対人的な目的を達成することを可能にするすべての行動

疾病の自己管理技能：服薬管理、症状の自己管理、ストレス対処のための技能

事例❻に当てはめてソーシャルスキルとリビングスキルを分けると表のようになる。

■日常生活技能（リビングスキル）と社会生活技能（ソーシャルスキル）

ソーシャルスキル	・"ちゃんとしたレストラン"とはどのようなものかをスタッフに聞く ・"ちゃんとした服装"を身につけ、みんなで確認する ・生活保護費からいくら貯金していくとレストランで食事ができるか担当スタッフと相談する ・食事の予約をする、注文する、支払い（会計）をする
リビングスキル	・"ちゃんとした服装"という、抽象的なものでなく、具体的な服装（襟のついたシャツ、スラックス、靴）について考える ・生活保護費をふまえて、服装や食事にかかる費用、交通費を見積もり、必要になる月々の貯金額を無理なく割り出す ・事前に調べたレストランについて、そのメリット、デメリットを考え、実際に食事に行くレストランを決定する

事例⑦

調子を崩すきざしのみえる本人に、自身が対処方法に気づくようにはたらきかける

本事例で使われているYOSHIDA'S METHODきほんの"き"

⑦ 生活基盤である医療（衣料）、食事、睡眠、住居、金銭をアセスメントする

⑮ 社会資源を活用する

学びのポイント

調子を崩す兆候がみえはじめた本人に対し、その対処方法を、自身が気づくようにはたらきかけています。支援者の誘導によってではなく、本人の気づきによって治療につながることが重要です。それには、支援者が、本人が調子を悪くする際、どのような兆候を示すのかアセスメントしておくことが大切です。

クライエントの概要

Gさん／30代男性／統合失調症

大学在学中に発病。卒業後、いったん就職するものの、入院。退院後、病気のことをふせたまま就労し、1年ほどで症状が悪化して入院するというパターンを繰り返していた。家族に対する被害妄想があり、暴力をふるうため、現在は一人暮らしをしている。

精神科デイ・ナイト・ケアを2年間、利用する間に、病気をオープンにした就労のメリットを理解し、地域障害者職業センターの職業準備支援を3か月利用したのち、ハローワークの紹介で、本人希望の事務員として採用される。職業準備支援では、グループワークを通じて、前兆期における自身の特徴について学習し、その内容をノートにまとめるなど自己理解を深めていった。

採用後、わずかな刺激でも症状があらわれるようになり、ケース会議の結果、ジョブコーチ、障害者職業カウンセラーの介入のほか、週1回の診察と、外来での個別面談でフォローしていくこととなった。

職場の人から嫌がらせをされた、横を通るときに舌打ちをされた、2日ほど前からいつもより気になって、無視できなくなったので、その人に直接話をするか、上司に相談するか悩んでいると話している。

Gさんからの訴えについては、ジョブコーチを通じて職場の上司から、そのような状況はないと報告を受け（その前の週も同じ訴えがあったため、ジョブコーチが職場を訪問し、半日間、同行して職場の状況を確認している）、定期面談にのぞんだ。

Gさんはその後も幻聴・妄想はなくならなかったものの、週1回の診察と面談を継続し、事務員として働き続けている。

会話（C：クライエント／W：支援者）

C：①今週のチェックリストです。 （普段より表情が険しく、声も大きい）	
	W：②はい、見せていただきますね。
	W：③今週の仕事はいかがでしたか？
C：④仕事は頑張って行っています。 自分のできることは、全部こなしています。 （表情は硬いままだが、ここは、アピールするかのように、少し身体を前のめりにしている。「全部～」の部分では、口角を少し上げ、自慢そうにみえる）	
	W：⑤そうですか。 お仕事頑張っているんですね。
（うれしそうに何度もうなずきながら聞いている。顔も少し赤らんで表情も柔らかい）	

支援者の思考	かかわりのポイント
いつもはしっかりとあいさつをしてくれるのに、今日は唐突だあ。 （チェックリストから）寝つきがよくないようだし、睡眠時間が短くなっているなあ。 表情も硬いし、何か怒っているのかな？ 先週からの、嫌がらせを受けたと訴えていることかな？ 先々週まで、こんな訴えはなかったのに、何か引き金になることがあったかな？	チェックリスト（事例❸参照）を用いることによって、互いが客観的に日常生活のリズムなどを把握することができる。 本人の話以上に、チェックリストから、日常生活に症状があらわれていることがみえてくる場合がある。
まず、Gさんの話を聞いてみよう。	本人の話と、チェックリストを通じてみてとれる生活の様子との差から、仕事に対する向き合い方、楽しいこと、困りごと、共感していけることを確認する。 本人が発信する内容を大切にする。
仕事を通じて、自己評価が上がっているし、それを話してもらうのは、仕事に対するモチベーションにつながる。	仕事に対する自己評価ができていること、本人の頑張りは、支援者が「聴く」ことで、クライエントの自信につながる。 クライエントが十分に納得するまで、否定せずに聞き、訂正する必要がある場合は、本人の話を聞いた後に行う。
本当によく仕事までたどりついたなあ。	就労は、その一員として社会に参加する行為であり、本人にとって、自尊感情を取り戻す大切な行動である。 事例では、地域障害者職業センターの職業準備支援によって、事前に就労に対する心構えなどについて準備をしているが、実際に会社に行き、働くことは、支援者が想像している以上に、しんどさ、緊張、不安、期待を本人が感じていることを理解して接する。

C：⑥はい、仕事は頑張っています。 （自信があるからか、言葉をはっきりと発音し、声も大きい）	
	W：⑦よかったです。
（顔を赤らめ、頭をかき笑顔）	
C：⑧仕事以外のことが大変です。 僕が横を通ると、同僚がわざと舌打ちをするんです。	
	W：⑨先週も同じことをおっしゃっていましたね。変化はないんですね。
C：⑩そうです。 （ここはきっぱりと言い切っている）	

? 「仕事は」という部分が気になるけど、ここから、先週話していた「舌打ち」の話題になるのかな。	職場では、本人が疎外感を覚えたり、被害的になったりする場合もある。 それを見極めるために、ジョブコーチや職場の担当者と連携し、職場の状況を確認することが必要になる。
私の「うれしい」という気持ちが、わかりやすくGさんに伝わればいいなあ。	困難を抱えながら、働いている本人を労う気持ちを言葉にして伝える。 事例では、症状を抱え、薬の服用を続けながら、本人は8時間にわたって集中力を保ち、努力して、「働くこと」に対する気持ちと体調を維持している。 このような背景を考えて言葉を発するのと、そうでないのとでは言葉の重みが異なる。
やはり、ここでこの話が出てきた。 ジョブコーチのMさんからは、「職場は対人接触が少なく、Gさんの上司からもGさんの訴えている場面はありえないと確認した」と報告されているけどなあ。 ここは否定せず聞いていこう。	相談にのり、悩みを聴くという作業は大きな負担を伴う。 課題を整理し、解決するには、さまざまな角度からアプローチすることが求められる。 本人の訴えが、その症状からあらわれているものか、実際にあった事実か見定めるために、就労にかかわるさまざまな職種と意見交換のできる環境をつくっておく必要がある。
先週の状況と変わりがないことを再度、確認してみよう。	ここは大切なポイントになる。 「同僚が舌打ちをする」という状況に変わりがないという訴えを、実際にあったこととして捉えるか、または、症状によるものと捉えるかは、アセスメントを通じ、正しい情報をいかに多くもっているかにかかっている。 その人の症状の特徴も知っておく必要がある。
妄想があらわれている可能性もあるかなあ。	本人が断言するときは否定せず、聞いておく。否定せず傾聴する場面も必要である。

	W：⑪ジョブコーチのMさんが先週、訪問されましたね。 その際、会われましたか。
C：⑫はい。会いました。 半日も一緒にいてくださって、仕事をしているところを見てもらえました。うれしかったです。 （ここでも笑顔がみられる）	
	W：⑬そのときは、舌打ちされましたか？
C：⑭はい、舌打ちされました。 （本気でそう考えているようで、顔を上げ、言い切る）	

Mさんが一緒にいた場面を思い出して、具体的な記憶に結びつけられたらいいなあ。	
Mさんに一緒にいてもらったことを「うれしい」と言っているし、Mさんに対してはよい感情を抱いている。「半日も」と強調しているところでも、それがよくわかるなあ。いい傾向だ。	
Gさんも落ち着いているようだし、ここは、はっきりと舌打ちされたかどうか聞いてみよう。 Mさんからは、舌打ちをされたことはなかったと報告されているし、そのことを聞いて、Gさんがどういう反応をみせるか。	ジョブコーチが一緒にいた場面でも、舌打ちをされたかどうか確認する。 本人の症状の傾向を把握することは大切なポイントである。 事例の場合、過去の病歴から、本人には、入眠困難（寝つきがよくない）と被害妄想が症状としてみられることがわかっている。 それをふまえたうえで、「舌打ち」という訴えを、妄想によるものと捉えるか、実際にあったエピソードとして理解し、職場の環境調整を図るのか、もしくは、よくある会社の愚痴として共感するのか、検討する。
Gさんは、本気でそう考えているようだ。でも、Mさんが一緒にいた、Gさんにとって最もよいと思われる状況でも、舌打ちが聞こえているのはどういうことなんだろう。 Gさんの被害妄想の内容は、確か、舌打ちや後ろを付けられているといったものだったはず。入眠困難もあるようだし、Gさんがどこまで自分で気がついているか、確認したいなあ。 Mさんは、舌打ちの事実がなかったと言っていることをどのように伝えようかなあ。	妄想によって、「舌打ち」が聞こえているということなら、本人が、それを症状として認められることが大切になる。 幻聴があっても、その症状と共存して仕事を続けられるようならよいと考える。妄想があらわれていると考えられるなかで、現実的な話ができるかどうか見計らう。 クライエントにその症状について尋ねるのは、一般的に好ましくないとされている。症状が悪化した場合の対応には多くの時間、気力、または根気が必要になるため、症状が悪化した際、本人に向き合うという覚悟や心構えなどが支援者に整っていない場合、主治医と連携できる関係性がつくられていない場合は、幻覚、妄動などの症状にはふれないこともある。

	W：⑮舌打ちをされた際、ジョブコーチは一緒でしたか？
（ジョブコーチがいて、舌打ちされたという場面を思い出そうとしてるのか、目をつぶり、小首を傾げて考え込む様子）	
C：⑯はい。 （少し自信がなさそうに返事をしている）	
	W：⑰Mさんからは、舌打ちされたことはなかったと聞いています。
（目を見開き、びっくりした表情をみせている）	
C：⑱えっ。 そうなんですか？ （少し不安そうに、なぜだろうと語尾が弱い。支援者の言葉は聞こえているようだが、何か不安そうな顔をしている）	
	W：⑲そうなんですよ……。
C：⑳……。 （声も出ない様子）	

「舌打ち」は確か、職業準備支援のグループワークの際、Gさん本人が、調子がよくないときの自分の症状としてあげていたな。入眠困難は、前兆症状として取り上げていたし……。 Gさんが、自分で気がつけるよう、ここはもう少し丁寧に進めていこう。	会話⑮は、「事実」を確認する作業である。「舌打ちは、あなたの幻聴ですよ」と伝えることは簡単である。本人の自覚がないまま、治療をはじめても、自立した症状の管理にはつながらない。 症状とうまく付き合いながら、職場の定着を目指すなら、本人が自分で気づくための過程が必要になる。
さっきのように、はっきりと言い切ることがなくなったなあ。	「症状」と自分の感覚とのすり合わせ、自らを客観視する作業は、本人にとってしんどい作業であることを理解し、待つことが大切になる。
Mさんには、「舌打ち」が聞こえていなかったことを伝えて、Gさんの気づきにつながるかな。 「症状」であることに気がついて、認められるといいなあ。	改めて、現実に直面してもらう作業である。相手の反応をみながら丁寧に行う。
疑問を感じはじめているようだ。ここで何かおかしいなと考えてもらえることは大切だ。 本人は混乱してしんどいだろうなあ。	妄想は、本人にとってみれば、まぎれもない「現実」である。 その「現実」が「事実」と異なっていることを客観視するのは、本人にとって大きな苦痛を伴う作業であることを理解したうえで話をする。
ここは、しっかりと「事実」をみつめてもらいたい。Gさんの顔をしっかりみて、こちらが「真剣にあなたと向き合っていますよ」というメッセージもわかってもらおう。	この場面は、これ以降、本人が症状と対峙するポイントになる。 支援者も、自身が真剣に本人と向き合っていることを、声や姿勢、表情で表現する。「そうなんですよ」は、一言一言ゆっくりはっきり発音する。
しんどいだろうなあ。 でも、リハビリテーションから就労まで、G	統合失調症の原因のひとつとして、「ストレス脆弱性モデル」があることは知られて

	W：㉑確か、Gさんの前兆期の症状として、なかなか寝つけない、舌打ちが聞こえるなどありませんでしたか？
（支援者の言葉を聞いて、一言ごとに身体ごとうなずく様子）	
C：㉒あっ……、そう、そうでした。 （何かを思い出したような表情で）	
	W：㉓職業準備支援では、グループで前兆症状について話し合ってノートにまとめていましたよね。
C：㉔そうです。そうです。ノートにも書いてました。 （持ってきていたノートをのぞき込み、頭を前後に大きく振り、表情もほぐれるように。笑顔もみられる）	

さんの、この何年間に積み重ねた努力や、自身の力に期待したいなあ。	いる。 就労によって、それまで以上のストレスがかかる状況にあるものの、支援者は、本人の回復能力や、本人が医療をうまく使って症状の悪化を防ぎ、なおかつ、就労を継続できる力をもっていることを信じる。 一方で、症状の悪化がみられないかどうか警戒しておく。
前兆期の症状についてふれて、どう反応するかみてみよう。これを思い出してもらえるといいなあ。	ここで、ようやく症状について、本人に直接尋ねる場面になる。丁寧に行う。 事例では、地域障害者職業センターにおける職業準備支援で、症状があらわれる前兆についても学習している。 学習した内容が、本人に蓄積されていることを期待して待つ。
うん、反応がみられた。	統合失調症という疾患の特性に加え、服薬によって記憶が定着しにくくなっているため、学習内容が確認できた場合には、本人の努力と成果を高く評価する。
職業準備支援のグループワークで、メンバーは自分の前兆期の状況や症状について、かなり具体的に話をしていたはず。記録もとっていたと思うので、思い出してもらえるといいなあ。	会話㉓では、本人が対処技能をどの程度もっているか、確認する作業である。 ここでは、よい反応がみられたので、職業準備支援で取り組んだ、症状の自己管理について話題にできると判断した。 Gさんが、客観的に自分自身をみることができるようになる可能性が大きい。
よかった～。 表情も明るいし、「そうです」と繰り返しているところからも、思い出したことがうかがえるなあ。 職業準備支援で前兆期の症状について話したことだけでなく、それをノートに書いたことも思い出すことができたんだろうなあ。	本人が自ら思い出したことに価値がある。 「ノートに書いてある」ということは、これ以降、「忘れたらノートをみる」という行為につながり、自分を客観視する、ひとつのスキルの獲得に結びつけることができる。

	W：㉕確か、そのときは、対処方法についても話し合いましたよね。 どのようなものだったでしょうか。
（支援者の一言一言に大きくうなずきながら聞いている）	
C：㉖あ、あ、あ、そうです。 先生に報告して、一緒に考えてもらう、ですよね。 （支援者が話し終わらないうちから、被せるように話しはじめる。前を向き、やや前かがみになりながら、一気に話す）	
	W：㉗そうですね。よく思い出してくれました。
（うんうんとうなずきながら聞いている）	
C：㉘忘れてました。ノートに書いてあって。職業準備支援でも勉強したのに。 （頭をかきながら、照れたような表情をしている）	
	W：㉙ちゃんとノートに書いてあって、思い出すこともできたんですから、素晴らしいと思います。

	答えを、支援者が出してしまわずに、本人が思い出したことを自ら答えるように促す。 自らが話すことで、それは「自分の」発言になり、記憶の定着に結びつく。 本人による記憶、認知の定着を阻害しないようにする。 また、以降の自己管理の一歩になる。
まるで、あふれる記憶を一気に吐き出すように話し続けている。 自分から受診して、相談することまで思い出したんだなあ。	「受診して主治医に相談する」は対処技能のひとつである。
ここは、しっかりとこちらの気持ちを伝えよう。	この場面では、本人に、支援者がほめていることが伝わるように、少し大げさにふるまう。 「ほめる」ことは、本人を肯定することである。 笑顔を忘れず、声はやや大きくし、本人に伝わるように努力する。
	笑顔で、身体を本人のほうに向け、大きくうなずく。 支援者が喜んでいることがわかってもらえるよう、自分なりにさまざまに工夫したい。
ノートに書き留めたこと、その内容を思い出せたことも、しっかりと認めよう。そのことを喜んでいることも伝えよう。	「できていたこと」を、ひとつずつ丁寧に、わかりやすく声に出してほめる。 「ほめる」という行為を苦手とする人も多いと思うが、「ほめられる」ことが本人の自信につながる。 丁寧に、ゆっくりと、具体的にほめる。身体を本人のほうに向け、その顔をみつめ、

（支援者のほうをしっかりみつめている。うれしそうに、うん、うんとうなずき、少し照れている様子がみえる）	
C：㉚あ、はい。 （大きく明瞭な返事。笑顔もみられる）	
	W：㉛今日は受診の日ですね。
C：㉜はい。 （すぐにうなずき、返事がある）	
	W：㉝主治医の先生に、なかなか寝つけないようになってきたことや、舌打ちが聞こえるようになってきたことを伝えられそうですか？
C：㉞はい。先生に相談してきます。 （顔を前に向け、はっきりと発言できている）	
	W：㉟それで楽になって、仕事が続けられるといいですね。
C：㊱はい、僕もそう思います。 （笑顔がみられる）	

	笑顔を添える。本人に対する敬意を示すことのできる工夫を自分で探す。
	支援者の誘導によってではなく、本人からの発信で、道筋を立てる。会話㉛では、受診が必要であることを、自分自身で気づいてもらえるよう、当日が受診日であることを伝えている。
こちらの言うことは理解できているようだ。わざわざ念を押すように言わなくとも大丈夫だろうけど、仕事をはじめてから2か月で、調子を崩したのは初めてだし、しっかりと尋ねておこう。	必要がないと思っても、今後、状態が不安定になった場合にも対応できるように、改めて確認しておく。 学習の繰り返しによって、スキルの定着につながる。
Gさん本人から、相談っていう言葉が出てきてうれしいなあ。	
症状がコントロールできて、それに振り回されずに、就労が続けられるといいなあ。	入眠困難や妄想（舌打ち）がみられはじめていることから、本人は、症状の自己管理がうまくいっているとはいえない。症状の自己管理が難しくなっているときは、医療を含めた周囲のサポートを受けることで、就労を続けることができるようになる。 本人の希望である「就労の継続」を実現させるために、さまざまな社会資源との連携がある。地域障害者職業センター、主治医に連絡しておく。

⑦　生活基盤である医療（衣料）、食事、睡眠、住居、金銭をアセスメントする

◆チェックリスト（事例❸参照）を用いることによって、本人と支援者が互いに必要な情報（日常生活のリズムなど）を客観的（視覚的）に把握することができる。

◆本人が気づかないまま、日常生活に症状があらわれていることがある。チェックリストによって、本人の話からだけではわからない、生活の様子をみてとれる場合がある。

◆本人の話と、チェックリストの記載内容との差から、本人の日常生活の様子（生活リズムや仕事に対する向き合い方など）を確認する。

⑮　社会資源を活用する

◆事例❼では、ジョブコーチが職場を訪問し、半日間一緒にいて職場の状況を確認している。ジョブコーチは職場適応援助者ともいい、障害者が働く職場に出向いて、障害者の職場適応、定着を図るため、障害特性をふまえた直接的で専門的な支援を行う。障害者に対しては、仕事の内容や職場での人間関係、コミュニケーションについてアドバイスしたり、困りごとの相談に応じたりする。企業に対しては、雇用における助言、指導方法を含めたかかわり方について支援する。

◆就労支援、定着支援にあたっては、主治医を含めたチームでのかかわりが重要になる。

◆障害者の就労支援、定着支援にかかわる主な機関は次のとおりである。

・公共職業安定所（ハローワーク）
・地域障害者職業センター
・障害者就業・生活支援センター
・障害者総合支援法に基づく、就労移行支援事業所、就労継続支援事業所（A型・B型）、就労定着支援事業所

◆このうち、地域障害者職業センターは、それぞれの都道府県に設置さ

れ、障害者のニーズに応じて、職業評価、職業指導、職業準備支援及び職場適応援助などの職業リハビリテーションを実施するほか、事業主に対して、雇用管理に関する専門的な助言などの支援を行う。地域障害者職業センターには、障害者職業カウンセラーや職場適応援助者（ジョブコーチ）が配置されている。

◆ハローワーク（公共職業安定所）では、就職を希望する障害者の求職登録を行い、専門の職員・職業相談員がケースワーク方式により、障害の態様や適性、希望職種等に応じ、きめ細かな職業相談、職業紹介、職場適応指導を実施している。
職業相談・職業紹介にあたっては、公共職業訓練のあっせん、トライアル雇用、ジョブコーチ支援等の各種支援策も活用している。
また、障害者を雇用している事業主、雇い入れようとしている事業主に対して、雇用管理上の配慮等について助言し、必要に応じて地域障害者職業センター等の専門機関の紹介、各種助成金の案内を行っている。求人者・求職者が一堂に会する就職面接会も開催している。

YOSHIDA'S METHOD ＋α ★★★

◆就労や「働くこと」は、その一員として社会に参加する行為であり、本人にとって、自尊感情を取り戻す大切な行動である。一方、障害のある人にとって、会社に行き、働くことは、支援者が想像している以上に、しんどさ、緊張、不安、期待を伴うものであることを理解して接する。

◆困難を抱えながら、生活を送る本人を労う気持ちを言葉にして伝える。本人のしんどさ、生活のしづらさを生む背景に思いを寄せて言葉を発する。

◆本人の抱える課題を整理し、解決するには、さまざまな角度からアプローチすることができる。例えば、職場で本人と他の社員との間に軋轢がある場合には職場環境の調整が、症状が出ているために本人がつらさを感じている場合には医療の介入が、本人の認知と他者の評価とにずれが生じている場合には面談での「本人の現実」と「事実」とのすり合わせが必要になる。本人の訴えが、その症状から表われているものなのか、実際にあった事実か見定めるため、就労にかかわるさまざまな職種と意見交換のできる環境をつくっておく必要がある。

◆過去の病歴などから、本人の症状の傾向を把握する。事例❼の場合、舌打ちといった幻聴や入眠困難は前兆期の症状のひとつである。事前に、その症状の傾向を把握したうえで、本人の訴えをどのように理解することが望ましいか整理しておく。本人の「症状」と理解するのか、実際に起こった出来事と理解するのかによって、支援の方向性、対応策が変化する。

◆事例❼では、職業準備支援におけるグループワークで、Gさんは、自身の前兆期の特徴や対処方法について、学習し、その内容をノートにまとめている。支援者は、本人に丁寧にはたらきかけ、思い出させようとしている。答えを、支援者が出してしまわずに、本人が思い出したことを自ら答えるように促す。本人が自ら話すことで、それは「自分の」発言になり、記憶の定着に結びつく。本人による記憶、認知の定着を阻害しないようにする。本人が自ら思い出したことに価値がある。

◆「ノートに書いてある」ということは、これ以降、「忘れたらノートをみる」という行為につながり、自分を客観視する、ひとつのスキルの獲得に結びつけることができる。自己管理の一歩になる。

◆受診が必要であることを、本人が気づき、受診するようにはたらきかける。そのひと手間をかけるかどうかがポイントである。本人が必要性を自覚したうえで受診するのと、そうでないのとでは、大きな差がある。

◆本人の自覚がないまま、治療をはじめても、自立した症状の管理にはならない。症状とうまく付き合いながら、職場の定着を目指すなら、本人が自分で気づくための過程が必要になる。

◆「できていたこと」を、ひとつずつ丁寧に、わかりやすく声に出してほめる。「ほめられる」ことが自信につながる。丁寧に、ゆっくりと、具体的にほめる。身体を本人のほうに向け、その顔をみつめ、笑顔を添える。本人に対する敬意を示すことのできる工夫を探してみる。

事例❽

以前の様子と、目の前にいる本人との“ささいな”違和感を見逃さない

本事例で使われているYOSHIDA’S METHOD きほんの“き”

⑦ 生活基盤である医療（衣料）、食事、睡眠、住居、金銭をアセスメントする

⑮ 社会資源を活用する

学びのポイント

以前の様子と、目の前にいる本人との間にみられる“ささいな”違和感を見極めるためのポイント、変化を見逃さないことの大切さをみてください。
また、事例では十分に描ききれませんでしたが、支援における、関係機関とのコミュニケーション、かかわりのありようについても確認してください。

クライエントの概要

Hさん／40代男性／統合失調症

Hさんは6年前に支援者とのかかわりがはじまり、3年ほど前から、障害者雇用枠を利用し家電量販店で事務職として働いている。Hさんが就職した会社は、精神障害者の雇用がはじめてで、ジョブコーチ、地域障害者職業センターの障害者職業カウンセラー、ハローワークの障害者専門窓口の職員、病院の支援者が付き添い、事前に打ち合わせが行われた。

仕事をはじめた当初は、なかなか手順を覚えられず、また、わからないことがあってもスタッフに聞けずに、ジョブコーチによる援助を必要とした。

一方、Hさんは、いったん仕事の手順を覚えると、黙々と作業を続けることができた。上司から注意を受けても素直に謝ることができ、精神的にも引きずることが少ない。遅刻や欠勤もなく、不器用だが真面目に働いている。また、妄想がみられるなどの、病状が悪化することもなかった。

退院当初は、病院の敷地内にあるグループホームで生活していたが、1年ほど前から地域にある市営のグループホームで暮らしている。

服薬の管理は、退院後2年ほどは訪問看護を利用して行い、また、金銭管理は、世話人が行っていた。現在ではともに、自ら管理している。

家電量販店での仕事も3年続けることができ、職場での評価もよい。就職後は、チェックリストを用いて、睡眠、服薬、職場でのできごと、疲労度、やる気といった、本人の状態を確認していたが、安定してきたため、3年が経過したタイミングでチェックリストの利用をいったん中止することにした。同じころ、家電量販店に正社員として雇用されることになり、契約を交わした。引き続き、週1回の主治医の診察と支援者による面談を受けている。

会話（C：クライエント／W：支援者）

	W：①Hさん、正社員として働けることになってよかったですね。
C：②会議がはじまったときは、「はい、はい」と言ってたんですが、実は最初はよくわからなくて。でも、後でジョブコーチのNさんに教えてもらって、うれしかったです。	

支援者の思考	かかわりのポイント
ここまで、本当にいろいろな人の支援とサポートがあったな。	Hさんの場合、単純作業ながら、仕事に対する真面目さ、継続できる能力が評価された。そこに至るまでには、ジョブコーチをはじめとする、医師や支援者などの継続的なかかわりがあった。 地域障害者職業センター、ハローワーク、ジョブコーチ、医師、支援者の協力を通じ、Hさんの特性を理解した、職場のマッチングができ、成功につながった。
? 会議の前に、ジョブコーチから説明を受けていたし、本人もメモをとっていたのになあ? 少し興奮してたから、会議では説明を受けたことを忘れてしまったのかな。	事例❽では、正社員として雇用されるにあたり、事前に関係者による意見交換などのための会議を催している。 会議の前に、本人には、正社員として雇用されることをジョブコーチを交えて説明しているにもかかわらず、本人は、会議がはじまったころは「よくわからな」かったと言っている。3年にわたって働き続けることができ、正社員として雇用されることになった本人の普段の様子からは、やや違和感を覚えてよい場面である。ささいな違和感ともいえる、わずかな変化を見逃さない“力”が必要である。普段の本人の様子との「違い」をみつけたら、「なぜかな」とその理由を考える。 ここでは、「症状」があらわれはじめているから普段と「違う」のか、それとも、正社員として雇用されるうれしさのあまり、単に「忘れてしまった」のか、考える。 「なぜ」「いつから」「普段の様子とどのくらい違うのか」「それは、本人が自覚したうえでの行動か」「自覚していなかったらそれはなぜか」を考える。 支援者として「なぜかな」を必ず考える訓練を続けることで、その違和感、変化を見逃さない“力”を養うことができる。

	W：③Hさんが努力された結果ですね。
C：④いいえ、みんなに助けてもらったおかげです。 （笑顔で、頭を小さく下げる）	
	W：⑤ところで、自分へのご褒美として欲しいと言っていた本は買いましたか？
C：⑥買いました。○○さんのヌード写真集です。 （にこにことうれしそうに大きな声で話す）	
	W：⑦へぇー、写真集ですね。

いろいろ失敗があったけど、努力して3年も続けられたなあ。 そのことを素直に伝えよう。	認められることは、本人のモチベーションにつながる。仕事を続けてほしいという意図を込めて、支援者が感じている「うれしい」というその気持ちを表現する。
サポートしてもらったことに対して、素直に感謝できるのも、Hさんのよいところだなあ。	真面目で、ストレートに感謝の言葉を伝えるクライエントは多い。支援者もその言葉で元気をもらえる。 支援者の仕事は、「支援すること」である。 支援することは「仕事だから」当然であるとしても、本人からストレートに感謝を伝えられるときが、「やっててよかった」と思えるときである。
何かを欲しがったり、買いたがったりしないHさんにしては珍しい。	この事例の場合、本人は物に執着がないほうで、部屋にも最低限の家具しか置いていない。退院してから、必要なものは、スタッフと一緒に相談して買い物をするという生活が続いていた。 また、統合失調症の場合、何かの記念に、「自分に対するご褒美に」という感覚はもちにくい。そのような、豊かな感覚が戻ってきたとしたら、よい兆候と考えることもできる。一方、「浪費」は、調子を崩すサインであることもある。 ここでは、その見極めのため、もう少し具体的に話を聞いてみている。
少しビックリ。これまで異性に関する話はなかった。Hさんの性格を考えると、ヌード写真集を買ったと口にすることは意外すぎる。 年齢相応の反応だと思うべきか?それとも、いつもと違う変化と捉えるか、考えどころ。	いつもと違う行動を、正常な反応とみるか、それとも、症状があらわれはじめたことによる「変化」とみるかは、クライエントの日常の生活、性格、行動パターンをしっかり知ったうえで考える。 突拍子のない行動の場合も、それがよい意味での変化か、状態の変化によるものか知るために、最初は否定せずに聞いていく。

C：⑧吉田さんもみますか？
主治医の先生にみせたら、喜んでもらいました。グループホームの友達も喜んでいました。
職場にも持っていこうと思っています。
（うれしくて仕方がない表情）

W：⑨ところで、正社員として働くことが決まってから、１日何時間ぐらい寝られていますか？

C：⑩ええっと、１日２～３時間ぐらいですかね。写真集４冊と、DVDをずっとみてるので忙しいんです。

あらら、（女性である）私に「みますか」はないなあ。主治医のP先生は男性だし、Hさんの変化に対して喜んでいるのだと思うけど……。 職場に持っていくというのも、仕事をはじめたばかりのころは、職場にいる女性にどう接したらよいのかと気にしていたのに。セクハラだということを理解してないのかな？　いつもは常識的な考え方をもつHさんなのにおかしいな？　正社員になれてテンションが上がっているからか、確認が必要だ。 これまで６年近くかかわってきたけど、こんなに多弁で、早口で話すHさんはみたことがない。声も大きい。いつもは表情が豊かとは決していえないのに、ずっとにこにこして。 違和感を覚えるな。	
生活のリズムが崩れていないか確認していこう。 まず、睡眠時間から。仕事をはじめてから３年間は、判で押したように同じ時間に寝て、起きていた。	症状が悪化しはじめたころは、本人に自覚がないことが多い。 統合失調症の発症は、病気になりやすいかどうかの「脆弱性（もろさ）」と病気の発症を促す「ストレス」の組み合わせによって示されるストレス脆弱性モデルによって説明すると理解しやすい。 苦しいことだけでなく、うれしいことも、ストレスになる。就職や昇進などが病状の悪化につながる場合も多い。
睡眠時間が２～３時間とは、生活が乱れはじめているな。 こちらが聞かなくとも、理由まで一方的に話し続けている。やっぱり、テンションが上がっているなあ。	チェックリストをつけていた３年間は、23時に就寝し、翌朝７時に起床するという生活を送っていた。 それまで、８時間程度、確保されていた睡眠時間が、急に２～３時間になったのであれば、前兆期から急性期に至る可能性がある。 正社員として雇用されるストレスから、軽くテンションが上がっているぐらいであれ

	W：⑪えっ、本は１冊って言っていましたよね。
C：⑫そうなんですけど、１冊買ったら全部欲しくなって。DVDもみたくなったので、友達にDVDを取り付けてもらいました。はじめて、会社の社割を使いました。この会社に勤めてよかったです。	
	W：⑬そうですか。写真集とDVDとでいくらぐらい使いましたか？
C：⑭６万ぐらいかなあ。	
	W：⑮えっ、６万円もですか。 これまで、そんなに使ったことなかったのに。どうしたんですか？
C：⑯なんか楽しくて、それぐらいいいかなあと思って、使いました。	
	W：⑰睡眠時間が減っていることと、写真集とDVDを買ったことは、P先生に話しましたか？
C：⑱聞かれなかったので、言いませんでした。	

	ば、むしろ本人にとって気持ちがよく、自覚がないため、本人が自ら報告してくることはない。 反対に、幻聴がある場合など、本人が苦しいときのほうが、わかりやすい。
確か、本を買うのは1冊だけと約束したはず……。その約束を覚えているか聞いてみよう。	ここで、本人に「状態が悪いですね」とは言わない。 どのような場面から、変化があったか丁寧に聞いていく。
約束をしていたことはわかっていても、感情と行動にブレーキが効かない状態かも。 自分の欲求や行動を、どの程度、コントロールできているか確認してみよう。	具体的に金額を確認する。 睡眠時間の変化とお金の使用状況から、本人の状態の変化に気がつくことは多い。 お金を使ったことそのものが問題なのではなく、本人が自分の欲求や行動を、どの程度、コントロールできているかを確認する。
これまでずっと給料とボーナスでやり繰りして、貯金もしてきたのに。 症状が悪くなる前兆かな。	本人の感情、欲求、行動の抑制が効いていない状態であると思われるものの、本人にその自覚がないことが確認できた。
	本人のそれまでの行動からは考えにくい行動で、本人が悪びれていない様子からもその調子の悪さがわかる。
睡眠については、P先生が診察で確認していると思うけどな。	本人に自覚がないため、具体的に質問して主治医に相談しやすいようにしていく。

	W：⑲そうなんですか？ 今、教えていただいたことって、医・衣・食・睡・住・金に引っかかってませんか？
C：⑳あっ、そういえば薬も忘れて残っている。 （悪びれる様子なく、笑顔で話している）	
	W：㉑それって、どうなるかな？ 以前、グループワークで話しましたよね。
C：㉒はい、覚えています。 症状が出てくるんですよね……。 （少し不安そうな表情になり考えている様子） もしかしたら、僕、そんなに調子が悪いんですか？　どうしたらいいですか？	

状態が悪くなっていることに気がついていないな。 なぜ、P先生に伝えられないのか、その理由も聞いておこう。	面談では解決が難しいと判断して、ここでは、あえて、症状が悪化したことの理由などは確認していない。 本人の、この場面の状態では、面談だけでは安定が望めず、薬物治療になることを考え、診察に必要な情報を収集している。どこまで症状が進んでいるかを確認する。 この場合、主治医の判断によっては、短期間の休職か、入院につながる可能性もある。 一方、入院にならない場合であっても、訪問看護による服薬管理、世話人による金銭管理が必要になる可能性もある。また、デイケアスタッフ、グループホームの世話人のほか、ジョブコーチへ連絡し、職場での状況の確認、フォローが必要になる。 こういった可能性について考えて話を進める。
これまで、服薬まで忘れることはなかったのに。生活習慣が崩れていることがわかるな。 薬を飲むことがどれほど大切か、自分で考えてほしいなあ。	ここでは、本人に薬を飲み忘れた理由は尋ねない。飲み忘れた理由を確認しないのは、本人に、自分で考える力が残っているかどうか判断したいからである。 また、本人が、責められた、怒られたと思い、症状がより悪化することを避けたいからでもある。

W：㉓もう一度先生に、診察してもらったらいかがですか？

C：㉔さっきみてもらったばかりなのに、診察２回も受けていいですか？

W：㉕大丈夫ですよ。大事なことを言い忘れただけですから。
言わなくて状態が悪くなって、入院になるより、今のうちに、先生にみていただいて落ち着いたほうがいいと思いますね。

C：㉖僕、ちゃんと言えるかなあ？

W：㉗私が知ってるHさんは言えると思いますよ。
不安なら、練習しましょうか？　もしくは、私も診察についていって、Hさんがうまく伝えられなかった部分だけ、フォローしましょうか？

C：㉘ついて来てもらえますか？

冷静な部分は残っているんだなあ。 表情にもそれが出ている。 不安が出てきているようだ。 退院してからはじめて状態が悪くなって、それを実感したんだから、Hさんの不安も理解できるなあ。 現実的な解決策を提示してみよう。	統合失調症の前兆期のときには、客観的な感覚がなくなる場合が多い。 薬を飲み忘れると症状があらわれてくる、と本人が言葉に出したことは重要である。この場面で、本人が、「僕、そんなに調子が悪いんですか?」と質問し、また、不安な表情をみせたり、「どうしたらいいですか」と尋ねたりできるのは、自らを客観視できる力が残っていることを示している。本人の意思がある状態で、医療が介入できるのは大切である。 診察を受けることを提案するのは、本人の不安を少しでも解消するためであると理解してもらえるように丁寧に話す。
これまで、スムーズに進んでいたので、診察の話が出たことに困惑している。 写真集やDVDを買ったこと、服薬を忘れたことをあえて、「大事なことを言い忘れただけ」と言い換えたけど、これでHさんの不安を少なくできるかなあ。	会話㉔は、本人の、主治医に対する気づかいを示す言葉である。本人がもつ、他人に対する気づかいややさしさといったものが戻ってきたように感じることができる。 医師の受診を提案するにあたり、「あなたの状態が悪いので受診しましょう」と言うのと、「大事なことを言い忘れただけなので受診してはいかがですか」と言うのとでは、大きな違いがある。 また、診察を受けないままでいた場合、どのようなことになるか遠回しに伝える。
	本人の不安に対して、複数の選択肢を提示している。 本人が自らを客観的にみることができ、自己判断が可能なら、選択肢を示して本人に決めてもらう。本人による自己決定も重要である。

	W：㉙わかりました。
C：㉚仕事は大丈夫でしょうか？	
	W：㉛お薬以外の約束事ができたらまた、私が相談にのりますね。

	本人の自己決定にあたり、支援者によるサポートは大切な役割を果たす。 ここでのポイントは、本人に、できる部分は任せることである。本人がうまく伝えられない部分だけサポートする。 診察に同席することで、主治医の治療の方向性がわかるようになる。
不安も具体的になってきたのかな。P先生が示してくれる方向性に合わせて、それぞれの関係機関にはたらきかけていこう。	本人が抱える不安も、自身から主治医に伝えてもらう。 主治医の治療の方向性がわかってから、関係機関との調整が必要になる。 本人には「大丈夫」という安心感を与えて治療に専念してもらう。

⑦　生活基盤である医療（衣料）、食事、睡眠、住居、金銭をアセスメントする

◆障害者の就労支援、定着支援には、本人の医＋衣、食、睡、住、金を整えるために、複数の機関や専門職のかかわりが欠かせない。事例❽では、退院直後は、訪問看護によって服薬の、グループホームの世話人によって金銭の管理が行われ、また、医師による定期的な（週１回）診察、支援者による面談、ハローワークによるマッチング、ジョブコーチによる支援などのサポートがあった。このほか、場合に応じて、作業療法士、生活保護のケースワーカーなどを含めてチームをつくる。

◆生活のリズムが整っているかどうかは、症状の変化を知るきっかけになる。チェックリストを用いて、睡眠時間が十分に取れているかどうかなどを確認する。また、定期的な面談（例えば、毎週）で、症状変化や悪化を早期に把握できるようになる。事例❽では、「物に執着」することがなく、睡眠を確保することの大切さもグループワークを通じて理解しているＨさんの、金銭の管理と睡眠について確認している。

⑮　社会資源を活用する

◆事例❽では、面談の終了後、その日のうちにまずジョブコーチに電話をし、本人に症状があらわれはじめていること、主治医による診察の結果、増薬の必要があること、１週間後に再受診することを伝えた。また、主治医の診察では、ストレスで状態が一過的に悪化しているが、仕事でトラブルがないのであれば投薬治療で様子をみたいと言われたことも報告した。

◆一方、ジョブコーチには、職場を訪問し、仕事の状況と、本人の状況を把握してほしいと依頼した。また、職場の上司に本人の状況を報告するとともに、必要に応じて会議等を開催し、連携する用意があることも伝えてもらった。職場を訪問した結果を、次の診察までに報告してもらい、以降の治療方針を検討する材料とする。

なお、投薬によっても症状の改善がみられない場合は、入院による休養もあり得ると伝えた。また、Hさんとのこれからの接し方に不安や質問がある場合は、主治医と本人の了解のうえで、職場の上司や同僚などが会議に参加することもできると言い添えた。

◆また、家族に対しては、電話を通じ、本人の状態を報告するとともに、家族の立場から本人の日常生活の変化をみてもらいたいと依頼した。家族に対して暴言を吐く、無理難題を言うなどの態度がみられることがないかどうか確認するとともに、薬の量を増やした後の1週間の変化も教えてほしいと伝え、入院する場合に必要な協力も求めた。また、仕事については、主治医の方針をふまえ、できるだけ続けられるようにしたいと伝えた。これ以降は、本人の症状の変化によって支援方法は変化する。

YOSHIDA'S METHOD ＋α　★★★

◆本人の以前の様子をふまえた、ささやかな違和感ともいえる、わずかな変化を見逃さない“力”が必要である。普段の本人の様子との「違い」をみつけたら、「なぜかな」とその理由を考える。その「違い」は、「症状」があらわれはじめているからなのか、それとも、別に理由があるからなのか考える。

◆「なぜ」「いつから」「普段の様子とどのくらい違うのか」「それは、本人が自覚したうえでの行動か」「自覚していなかったらそれはなぜか」を考える。「なぜかな」を必ず考える訓練を続けることで、その違和感、変化を見逃さない“力”を養うことができる。

◆普段と異なる本人の行動を、望ましい反応とみるか、それとも、症状があらわれはじめたことによる「変化」とみるか、本人の日常の生活、性格、行動パターンをしっかり知ったうえで考える。突拍子のない行動の場合も、それがよい意味での変化か、状態の変化によるものか知るために、最初は否定せずに聞いていく。

◆症状の変化があらわれはじめたころ、悪化しはじめたころは、本人にその自覚がない場合が多い。事例❽では、「1日何時間ぐらい寝られていますか」（会話⑨）、「写真集とDVDでいくらぐらい使いましたか」（会話⑬）と具体的に確認している。本人が自分の変化に気づくように根気よく話を聞く。

◆本人にとって苦しいことだけが症状が悪化する理由になるのではない。就職や昇進などもストレスになり、症状の悪化につながる場合も多い。軽くテンションが上がっているぐらいであれば、むしろ本人にとって気持ちがよく、自覚がないこともある。その場合、本人が自ら報告してくることはない。反対に、幻聴がある場合など、本人が苦しいときのほうが、わかりやすい。

◆本人が自覚をしたうえで診察を受けることで、治療に積極的になる。また、就労後のフォローも受けやすくなる。

◆症状が進んでいる場合、薬物治療が選択肢になることを考え、情報を収集する。主治医の判断で、短期間の休職や、入院の可能性もある。入院を必要としない場合でも、訪問看護による服薬管理などが必要になる可能性もある。また、デイケアスタッフ、グループホームの世話人、障害者職業カウンセラー、ジョブコーチ、障害者就業・生活支援センターの相談員など、必要に応じて関係する専門職に連絡し、状況の確認、フォローが必要になる。

◆医師の診察を提案するにあたり、「あなたの状態が悪いので受診しましょう」と言うのと、「大事なことを言い忘れただけなので受診してはいかがですか」と言うのとでは、大きな違いがある。本人が受診につながりやすい環境を整えることも大切である。また、診察を受けないままでいた場合の影響や結果についても遠回しに伝える。

おわりに

本書をまとめるにあたり、５年という長い時間を必要としました。それは、私のなかにある何百という、これまでのかかわりから、どのようにしたら、対人援助に携わる人にとって本当に役に立つヒントや手がかりを言葉にできるのか、五里霧中のさなかを途方に暮れていたからでもあります。その霧のなか、根気よく光を照らし続け、適切なアドバイスによって導いてくれたＡさん、Ｎさんには感謝という言葉しかありません。二人にはチーム YOSHIDA として多大なるサポートをいただきました。

兵庫医療大学の坂本浩先生には適切なタイミングで、適切なアドバイスを頂戴しました。日本茶専門カフェ神戸チャイハーネの植木佑平さんには、馥郁とした香りのお茶とリラックスできる空間を用意していただきました。推薦の言葉をくださった恩師の八木原律子先生にも感謝とお礼を申し上げます。また、中央法規出版の担当者には粘り強くかかわってもらいました。

最後に、宝塚三田病院の院長をはじめとするドクターと看護師、作業療法士、デイケアのスタッフ、ケースワーカーすべての職員に改めて感謝申し上げます。みなさんの協力がなければ、ここに紹介した本人のよい変化は生まれませんでした。

本書は、私の臨床経験のなかから出てきたものです。本書で「METHOD」として紹介した方法や工夫を、ぜひ自身で試していただきたいと思います。目の前にいる本人の変化を互いに実感し、互いが幸せを感じられるようなお手伝いができたのであれば、これに勝る喜びはありません。

吉田　悦規

著者プロフィール

吉田　悦規（よしだ　えつみ）

看護師、精神保健福祉士、一般社団法人 SST 普及協会認定講師

略歴
1984（昭和 59）年～ 1997（平成 9 ）年　阪本病院
1997（平成 9 ）年～ 2006（平成 18）年　大阪自彊館（救護施設）
2004（平成 16）年から宝塚三田病院に勤務
このほか、2004（平成 16）年から、刑務所において、受刑者に対する社会復帰活動及び就労支援活動の講師を務め、2017（平成 29）年に法務大臣感謝状を受ける。また、2005（平成 17）年から 2018（平成 30）年まで、奈良障害者職業センターにおいてリワーク支援に従事する。
編著書に『わかりやすい 発達障がい・知的障がいの SST 実践マニュアル』（2011 年、中央法規出版）がある。

執筆協力
坂本　浩（兵庫医療大学リハビリテーション学部作業療法学科）

事例から学ぶ　支援を深める相談技術
現場実践から導き出された17のメソッド

2020年11月15日　発行

著　者　吉田悦規
発行者　荘村明彦
発行所　中央法規出版株式会社
〒110-0016　東京都台東区台東3-29-1　中央法規ビル
営業　TEL 03-3834-5817　FAX 03-3837-8037
取次・書店担当　TEL 03-3834-5815　FAX 03-3837-8035
https://www.chuohoki.co.jp/
印刷・製本　株式会社太洋社
装　幀　加藤愛子（オフィスキントン）

定価はカバーに表示してあります。
ISBN 978-4-8058-8202-3